地球とあなたの修復と蘇生

量子最適化【万象源力】のすべて

スマホのアプリがなぜ〈神わざ〉を起こすのか!?

田村和広
環境健康学研究家

miro9
アプリ開発者

ヒカルランド

あなたが持つ一台のスマホから
地球を丸ごとすっかり救う
アプリが誕生です♪

スマホで写真を撮るだけで
撮られた対象物全てが
量子最適化（ファインチューニング）
されるのです♪

その力の源は
万《ばん》象《しょう》源《げん》力《りょく》
と呼ばれます♪

これまでのヒーリング機器は
我良し

自分だけ
癒されればいい

自分だけ
治ればいい

そういうコンセプトでした

ここからは
地球に生きる
全ての生命を

癒し
治す

その方向に舵を切ります

毎日何百種もの
生物が
絶滅している環境の中で
いくら自分だけ救っていても
タイタニックの健康学です

沈みゆく船（地球）の中では
何をやっても
手遅れになるばかりです

スマホで写真を撮るだけで
撮られた対象物全てが
なぜ蘇生していくのか

絶滅の崖っぷちにあって

ミクロ∞マクロをつなぐ
万象源力の発動が
なされたのです♪

あなたと
あなたの周りから
地球の修理固成《つくりかためなす》が
可能となったのです♪

ここは雛形の国

日本がよくなると
世界がよくなるのです♪

地球にいる人間の
99・99%は
我良し

でも
0・01%
たった1厘の
身魂の磨けた人がいれば

今の世界は
グレンとひっくり返すことができます
その方法がついにわかったのです♪

目次

Part I

量子の革命【ＥＱＴ】とは何か!?

Part Ⅱ

13次元の意志に導かれ地球生命を丸ごと救う万象源力【EQT】へと向かう

Part Ⅲ

電磁波こそが現代人の病気の基底！なのに絶対そこに目を向けないわけ⁉

Part Ⅳ

地球に必要なものは、全て空間から取り出せる
——その地平を目指して進むのです！

Part Ⅴ

高次元では、時間と空間がない！思ったことがそのまま形になる!?

カバーデザイン　重原隆
校正　麦秋アートセンター
編集協力　宮田速記
本文仮名書体　文麗仮名（キャップス）

Part I

量子の革命【EQT】とは何か!?

EQTラボ代表・田村和広

これがEQTである！

ＥＱＴは、Experience of Quantum Teleportation の略。

直訳すると「量子テレポーテーション体験」という意味になります。

ＥＱＴの加工技術（AIU WAVE）を使ってあらゆるものを量子加工することができます。

加工したものを身につけたり愛用することで、瞬時に体のバランスが整います。

そして、量子テレポーテーションの効果をその場で体感することができる技術です。

さまざまなものを整える作用があり、避けるべき電磁波を調和のとれた浴びたい電磁波に変えることもできます。

さらには、自然やあらゆる人工物、生きとしいけるもの全てを量子レベルで調和させることができる未来の最先端技術です。


量子テレポーテーションは、２０２２年のノーベル物理学賞の受賞テーマとなったことでも有名になりました。

量子間の特殊な情報転送現象を指します。

量子もつれという強い相関関係ができた量子同士の間であたかもテレポーテーションのように瞬間的に情報が転送されることからテレポーテーションという名前がつきました。どんな遠方に離れていても、それが銀河系の端と端であっても一瞬で量子情報が転送される不思議な現象です。

周知のとおりこの世で一番スピードの速いものは、光（電波）です。

1秒間に30万キロメートル、地球を7周半してしまうくらいの猛スピードです。

38万キロメートル離れた月まで1・3秒で到達してしまいます。

その光であっても銀河系の端から端まで行くのは、10万年もかかります。

私たちの宇宙の端から端までは光の速度で約900億年もかかるほど広大です。

しかしどんなに距離があっても、量子もつれ状態になった場合、一瞬で量子情報を転送することができる。

つまり、時空を超越する状態になるということです。

量子力学は最先端の科学です。

量子コンピューターをはじめ、あらゆる分野に量子力学を応用した技術が浸透しつつあります。

これからもその流れは一層加速していくことでしょう。

ＥＱＴは、最先端の技術によりあらゆる物体に対して、量子もつれ、量子テレポーテーションを起こす技術です。

しかも、専用の携帯端末に内蔵された特殊なアプリによって瞬間的に量子テレポーテーションを起こします。

ユーザーがやることは、ＥＱＴアプリに内蔵されたカメラ機能を使って対象物を撮影しエフェクトをかけるボタンを押すだけ。

一切の面倒な操作やスキルは不要です。

子どもからお年寄りまで誰でも使えます。

加工の所要時間は最短９秒から数十秒で済みます。

１回の加工の完了を待たずに連続で次々に対象を加工することもできます。

ＥＱＴで撮影・加工された対象物は、ファインチューニング（量子最適化）されます。

ファインチューニングとは、万象源力《ばんしょうげんりょく》とも表現されますが、この宇宙に働いている絶妙なる調整力のことです。

私は、古神道の修行をしていますが、古神道的に表現すると、造化三神に相当する万物生成、造化の働きと表現することもできます。

簡単にいうと宇宙の愛と大調和の働きです。

13次元の科学技術とも言えますが、それをどう3次元の科学技術にひもづけるかが鍵でした。

EQTのキモは宇宙の創造原理と調和の理《ことわり》である数理を使っています。

そして、量子ビットの情報を3次元的なデジタルビットの情報にひもづけることができたのがEQTの革新的技術の心臓部とも言えるでしょう。

私たちの生活に最も馴染みがありほとんどの国民が使っているスマホ上で13次元の神技術を実現したのです。

撮影したあらゆる対象物に対し量子的に大調和の情報を上書きする。

そのことによって撮影した対象物が整う。

世界一手軽に量子テレポーテーション体験ができる技術です。


EQTは、あらゆるものを整えることができます。

整うのは撮影した対象物だけではありません。

撮影者本人も整います。

さらには撮影者の周囲や撮影者の人生全般が整います。

ＥＱＴが他の波動機器などと違うのが、恩恵が及ぶ先がユーザー本人にとどまらないということです。

家族や仲間のみならず地域社会まで整います。

ビルや乗り物、電磁波の発生源などあらゆる人工物が整います。

しかし、ＥＱＴの一番の醍醐味《だいごみ》は、地球生命圏全体が整うことです。

ＥＱＴのエフェクトは、動植物や自然界にまで及びます。

空に、雲に、大地に、田畑に、山に、森に、湖に、川に、海にエフェクトをかけることもできるのです。

ＥＱＴのエフェクトをかけた場所では、空前の豊作や大漁が起こった事例も報告されています。

食糧危機が叫ばれる現代において、究極の量子的食糧対策と言えるかもしれません。

このように、人・物・金・情報・出来事・動植物・自然など森羅万象に宇宙の根源力たる調和の作用を及ぼすことができるのがＥＱＴです。

地球環境を再生させ、地球生命圏のバランスを取り戻す。

それがEQTの開発動機です。

他の波動機器や健康器具と比べても発想のスケールや動機がまったく違います。

人類のみを救うものではないことが特筆すべき点でしょう。

本文の中でも言っていますが、私が一番言いたいことは「全体の健康なくして個の健康なし」です。

全体とは、地球環境や地球生命圏のこと。

全体が病んでいて、個人が健康になれるはずがありません。

私たちは全体の一部であり、あらゆる生命に生かされているのです。

私たちの母体（地球環境）を汚し、支えてくれる仲間（地球生命圏）を絶滅に追い込んで自分だけ、人類だけ健康になれる道理がありません。

それは宇宙の創造意志や調和の原理とまったく反しています。

私は、現在の医療や健康法を「我良《われよ》し医療・我良し健康法」と言っています。

我良しとは、自分さえよければいいという考え方です。

自分さえ治ればいい、自分さえ健康になればいいという独善的な発想に基づくのが現代の医療や健康法だと言えましょう。

あまりにも当たり前の前提として「我良し医療・我良し健康法」を多くの人が受け入れてしまっています。

あなただけが治ったとして、あなただけが健康になったとして、隣人はどうでしょうか？

地域の人の健康はどうでしょうか？

もっと言えば生きとし生けるものの健康はどうなのでしょうか？

そんなこと考えたこともない。

知ったこっちゃない。

関心がないというのが多くの人の正直なところでしょう。

その考え方で自分が健康になれるのだったらまだしも、まったくなれません。

なれたとしても一時的なものです。

多くの人がその点に気づいていません。

現在、地球上に何種類の生物種がいるかご存じでしょうか？

多くの生物種が今どのような状況に置かれているか把握しているのでしょうか？

私は、今までこの質問を何百人もの人にしてきましたが、正確に答えられた人にまだ出会っていません。

多くの人は関心がないのです。

なぜなら自分事として捉えていないからです。

自分には関係ないこととして無関心でいられるのでしょう。

ところが実際は、まったくもって自分事なのです。

地球生命圏の状況は、人類の健康と繁栄に決定的なレベルで影響します。

この事実を知らないということは、自分の健康に関心がないということと同義なのです。


人類の手によって殺される動物の数は、1年間で約500億頭と言われています。

さらには、1年間に地球上で絶滅する生物種の数をご存じでしょうか？

1万年前、縄文時代には、1年間に0・01種の生物種が地球全体で絶滅していたと推定されています。

100年に1種のペースです。

それが1000年前、平安時代になると0・1種になりました。

桁が1桁上がりました。

10年に1種の割合です。

100年前の大正時代になるとついに1桁になりました。

1年間に地球上のどこかで1つの種が滅びるペースです。

そして、100年後の現代は、どれくらいの絶滅スピードになっているのでしょうか？

ちょっと想像してみてください。

なんと1年間に4万種です（研究者によっては5万から10万種としている研究者もいます）。

この100年間で実に4万倍に急増した計算になります。

これを異常事態と言わず何を異常事態というのでしょうか？

もちろん、この事態に私たちは無関係ではいられません。

致命的なレベルで影響を受ける可能性があります。

このままのペースでいくと、四半世紀後には、地球全体の25％から最大50％のレベルで生物種が絶滅するとの試算も出されています。

植物も恐ろしい勢いで消えています。

毎年、九州全土と四国全土を合わせたくらいの面積の森林が消失し砂漠化しています。

これまで砂漠化した森林面積は、アメリカ合衆国ないしは中国（中華人民共和国）全域レベルの面積に匹敵。

現在、アマゾンの森林が恐ろしい勢いで消失しているとの報告もあります。

言うまでもなく、私たちの生存に欠かせない空気中の酸素をつくってくれているのは植物です。

このペースで植物が急速に消えていけば、人類だけではなく多くの生物にどのような運命が待ち受けているのか容易に想像がつくでしょう。

空気中の酸素濃度は21%。

安全限界は18%です。

都市部の過密部分では、現在19%まで低下することがあるとの報告もあります。

軽い高山病になるレベルです。

2017年11月、東京・池袋のサンシャイン水族館で大水槽の中の魚約1200匹が死んでしまうという出来事がありました。

展示していた約1300匹の魚のうち実に9割以上の魚が一夜にして死滅。

生き残ったのはわずか73匹という惨状でした。

原因は、酸素を供給する機器の停止による酸欠だとされています。

どんなに健康に気をつけていても、どんなに食事に気をつけていても、酸欠になれば瞬時に全滅します。

サンシャイン水族館の魚と同じ運命が人類を待っていないでしょうか?


この原因は何でしょう?

誰のせいでしょう?

言うまでもなく人類のつくり出した文明のせいです。

人間の生み出した科学技術の副作用で大量の生物種が絶滅しています。

人類の文明や科学技術はまだまだ幼く粗雑なのです。

人類は数万種類もの有害化学物質を生み出してきました。

さらには、全ての生命に有害な電気(電磁波)を文明の基礎としています。

電磁波問題については、近年意識が高まってきたのは喜ばしいことです。

しかし、その対策といえば、スマホにシールを貼るとか、ペンダントを身につけて防御するなどのレベルにとどまっています。

しかし、電磁波問題の本当の深刻さはそこではありません。

微生物から植物、昆虫、魚、動物まで、全ての生き物に深刻な影響を与えている事実を多くの人は知りません。

大手メディアで報道されることもありません。

電磁波の影響は、生物の遺伝子損傷、生殖異常、成長抑制、老化促進、土壌の酸性化など、多岐にわたります。

森林の急速な消失もレーダー波、放送波、衛生電波、携帯電話などの急速な普及と無関係ではありません。

スペインの野生生物学者アルフォンソ・バルモリは、この状況に対して「人類はゆるやかな集団自殺をしている」とまで評しています。

私はこの状況をタイタニックの医学、タイタニックの健康学と表現しています。

タイタニック号は、110年以上前、2200名あまりの乗客のうち1500人以上の犠牲者を出して沈没したことで有名です。

富裕層が乗船する豪華客船だったので、健康関連施設もあったことでしょう。

クリニックやスポーツジム、健康ショップなどの健康関連施設もあったと思われます。乗客のほとんどが自分の健康に関心があり、せっせせっせと健康法にいそしんでいたかもしれません。

しかし、窓の外を見たらどうでしょう?

「この船って沈んでいるんですけど……」

「今それをやるのが優先順位なのでしょうか?」と私は問いたいのです。

個人の健康に励んで船(地球生命圏)が沈む。

このナンセンスさにどうして多くの人は気づかないのか不思議です。

目先のこと、自分の損得勘定でしか物事を判断できないからかもしれません。

全体が見えない。

構造が見えない。

因果関係が見えない。

真実が見えない。

これが現代の人類の姿なのです。

現在、古い支配体制が崩れ新しい社会システムが構築されると喧伝されています。

やれ、金融リセットだの。

やれ、新経済システムだの。

やれ、緊急放送だの。

そんな情報に浮かれる人々を見て情けなく思います。

新しい社会体制になろうが、権力者が変わろうが、人類中心主義である限り生物大絶滅の流れは変わらないのです。

他の生物を搾取《さくしゅ》し支配し、殺戮《さつりく》・絶滅させて存続できる文明などありません。

自らのよって立つ土台を大きく崩しているようなものだからです。

生体にとって有害となる物質を大量生産する科学技術、生体に有害な電気を根幹とした文明のあり方そのものを問い直さなければなりません。

それ以外に人類存続の道はありません。

人類こそが絶滅危惧種なのです。

現状認識が正確にできない人のことをお花畑と言います。

現状認識がズレている人は、何をやってもピントがズレています。

目的がズレ、対策がズレ、結果もズレてきます。

地球の現状を認識しない。

地球生命圏の現状を認識しない。

自分たちだけの健康や成功や幸福を求める。

進む先にデッドエンドが待ち受けていることも知らない。

人類のあり方全体がお花畑です。


では、どうしたらいいのでしょうか?

人類が生み出した悪辣《あくらつ》な科学技術の周波数を変えることです。

悪辣という言葉に気を悪くする人もいるかもしれません。

しかし、科学技術の産物が生物大絶滅を引き起こしている現状を正確に認識すれば、決して言いすぎではないことがわかるでしょう。

特に有害物質、有害電磁波の発生源への対策が重要です。

臭い匂いはもとから絶たなきゃダメ!

というCMがありましたね。

まさに至言です。

発生源をそのままにして蓋をして悪臭をごまかしてもその場しのぎです。

一時的な対症療法にすぎません。

病気や絶滅の発生源をそのままにしておいて、何の治療法でしょうか？

何の健康法でしょうか？

ほぼ全ての治療も健康法も問題の発生源には対処していません。

発生源を放置しておいて被害を受けている個人を対症療法的に癒そうとする。

そのナンセンスさに早く気づいてください。

我良し医療・我良し健康法では何の解決にもならないのです。


とはいえ、今さら築き上げた人類文明のちゃぶ台をひっくり返すわけにはいきません。

いきなり電気を停止して原始生活に戻ろうという話でもありません。

そんなことは非現実的ですし、できもしないことです。

利便性という麻薬にならされてしまった人類は後戻りできないでしょう。


そんな中で唯一の解決策があります。

有害物の周波数を環境によいものに変えること。

特に生物大絶滅の主要原因となっている電磁波を生体によい電磁波に変えてしまうことです。

しかし、そんなことができるのでしょうか?

実はできるのです。

それこそがＥＱＴの真の価値なのです。

もしそれができるとしたらあなたにＥＱＴを使わない理由があるでしょうか?

私には使わない理由ややらない理由が一切見当たりませんでした。

行き詰まりを迎えている人類文明への最後の救済策、究極的な解決策を私はＥＱＴに見出したのです。

私は、究極の当たりくじを引いた気になりました。

大げさでも何でもありません。

多くのＥＱＴユーザーはそのことを実感しています。

実際ＥＱＴのパワーは絶大です。

もちろん、個人レベルでもその恩恵は計り知れません。

何せ地球環境を再生し地球生命圏のバランスを取り戻すくらいのパワーがあるものです。

ＥＱＴには、高層ビル丸ごと、大型船舶丸ごと、大型の航空機丸ごと、新幹線全車両丸ごと量子加工できるほどのパワーがあるエフェクトボタンもあるのです。

ＥＱＴのすばらしさは、公にあります。

自分だけが健康になるのではありません。

自分だけが幸せになるのではありません。

自分だけが成功するのではありません。

ＥＱＴは、隣人と共に、地域社会の人々と共に、生きとし生けるもの全てと共に健康になるツールです。

みんなと一緒に幸せになる。

みんなと一緒に成功する。

全てがつながり合っている地球生命圏において、人類だけ、自分だけが健康になるということはあり得ません。

そんな中で地球生命圏全体を健康にするツールがＥＱＴなのです。

このような機器が他にあるでしょうか？

いくら個人を癒しても有害な電磁波の発生源がそのままであっては、焼石に水。

砂上の楼閣のような健康です。

ところが、ＥＱＴは発生源にもアプローチできます。

あらゆる人工物にも調和の働きを及ぼすことができるのです。

天地自然、動植物にも恩恵を贈ることができる。


しかも、写真さえあれば、地球の裏側でも量子的に最適な状態に情報を上書きして癒してあげることができるのです。

この価値は計り知れません。

EQTのユーザーは、一騎当千どころか万も億もの力を得ることができます。

1人で何百万人どころか、無数の生命にも恩恵を及ぼすことができる神ツール。

しかも、誰に言うこともなく「人知れず」サポートしてあげられるのです。

まさにその姿は日本人的な互恵の精神に満ちています。

EQTによって人知れず陰徳を積む喜び、人助け、生き物助け、地球助けをする喜びを味わうことができるのです。

この価値は計り知れません。

この喜びは計り知れません。

この清々しさは計り知れません。

このやりがいは計り知れません。

決して他のツールや手法では味わえない至高の悦《よろこ》びを味わうことができることでしょう。

ＥＱＴを使って地球環境を再生し地球生命圏のバランスを取り戻す。

そして、森羅万象を愛と調和の周波数で満たす。

そのような「万象蘇生プロジェクト」がＥＱＴユーザー有志によってスタートしています。

人類史的に、地球史的にも画期的なプロジェクトです。

あなたも万象蘇生プロジェクトに参加しませんか？

ＥＱＴの効果

話が壮大になりすぎた感がありますが、ＥＱＴは個人レベルでも大いに役立ちます。

ＥＱＴで心身に期待できる効果は、以下のとおりです。

・重心が肚《ハラ》に落ちる
・丹田に気が満ちる

・心身統一体になる
・体幹が強くなる
・心身のバランスが整う
・本来持っている能力を発揮できる
・さまざまな分野のパフォーマンスがアップする

ＥＱＴの大きな特徴として、体幹が一瞬で強くなり心身のバランスが整うことがあります。

体幹の専門家（アスリート、武術家、トレーナー、身体運動研究者）によると、体幹を強くすることの効果には以下のようなものがあります。

体幹力が強くなると……

・本来持っている能力（潜在能力）を発揮できるようになる！
・自分のやりたいことがわかるようになる！
・直観力がついてくる！
・動物的本能が冴《さ》えてくる！

・洗脳・支配されにくくなる！
・常識や世間の言うことを一歩引いて考えられるようになる！
・意志が実現しやすくなる！
・自信がついてくる！
・何事にもチャレンジできるようになる！（チャンレジ精神）
・身体能力が飛躍的にアップする！
・困難にも諦めない粘り強さが出てくる！
・不安や不満に悩まされなくなる！
・対人関係の問題に悩まされなくなる！
・自分の限界を突破しブレイクスルーを起こせるようになる！
・視野を広く多角的に物事を捉えられるようになる！
・非言語コミュニケーション能力がアップする！

さまざまな能力開花やパフォーマンスの最大化がＥＱＴによって起こります。未来的、宇宙的な最先端技術をぜひあなたも体験してくださいね。

ＥＱＴ体験会参加者のご感想

ＥＱＴ体験会参加者のご感想の一部をご紹介します。

◉すごいツールでした。（ふくふく様・福島県・男性）

参加前は半信半疑的な所もあったのですが、実際参加し、体感して実感しましたが、仰天でした！

もっと知りたいし、自分でも日常から使用して自分自身、家族、周りの人を良くしたいと思いました。

参加させていただいた事に感謝致します。

凄いツールです！

ありがとうございました。

◉今聞けてよかった！（永井寛太様・埼玉県・男性）

今私たちがどのような環境に生きているのか？

普段まったく意識していない盲点があるんだということを知って衝撃でした。

個人の健康が地球環境の健康なくしてありえないということがよくわかりました。

そしてEQTが人間だけでなく動物や植物、地球の生きとし生けるものすべてを癒し、再生させていくために開発されたのが素晴らしいと思います。

オススメのライセンスプランも教えていただけて、始めやすいと思いました。

色んな物を加工して、地球全体の健康に貢献したいです。

多くの人に知ってもらいたい技術ですね。


◉想像以上でした！（るるる様・東京都・女性）

以前より田村先生のメルマガは拝読しており、そうだよな〜とか、いやそれはないでしょ、などと思っていました。

今回は実際に体験してみてその凄さを実感しました。

タイトルにもあるように、本当に想像以上でした。方法はどうであれ、結果がＯＫなら良いので、まずは身の回りから始めたいです。


◉出会いに感謝!!（なぎとも様・栃木県・男性）

これまで様々な健康法や環境改善の方法を試してきましたが、ここまで体感・実感できたのは初めてでした。

無為な人生を過ごしてきた自分ですが、これからは様々なものを加工して、身の回りや地球に恩返しをしていきたいです。

ありがとうございました。

◉これはガチ本物でした！（ぺろぴ様・福岡県・女性）

ＥＱＴの説明を読めば読むほどドラえもんの道具みたいで何だか凄そう面白そう、遠方だけど行かない行けない理由が無いとリアル参加を決めました。

変化が分からなければハッキリ言わなければいけないな〜と秘かに思っていたのですが全くの杞憂でした。

なんとなくそんな気がするかもレベルではなく、ＥＱＴ加工したものを手に持つ前後でチェック結果が全然違います。

手にした瞬間に力が漲《みなぎ》るとか体幹が強くなった等の感覚が無いのに不思議です。

体験パートも楽しくて良かったのですが、電磁波の影響や日本の状況、マイクロ波が戦

争に使われている恐ろしい現実を知り、無策ではいけないなと痛感しました
ＥＱＴは悪用のしようが無い繊細な優しさに溢《あふ》れたツールだと思います。
先ずはライセンスを取得して身の回りから始めたいと思います。
説明を受けるだけでも価値があると思いますので、迷っている方には是非ご参加をオススメします。

◉出会いに感謝です（kita様・東京都・女性）

４年前の場の健康セミナーでご縁を頂いてからのメルマガでご縁を頂きました。

量子の言葉に惹かれ、ＥＱＴて何？　状態で内容も読まずに参加させて頂きました。

丁度電磁波対策を何かしなきゃと思っていたところで、今日は詳しくお話をして頂きありがとうございました。

波動の機械は持っていますが、物にも応用出来るところがポイントだと思いました。アプリの操作も難しくなさそうで、良かったです。いろいろなことに応用出来そうで、楽しみです。


◉現代の科学が追いついてない技術でした。（kimukimu様・東京都・男性）

「非科学的」という言葉がありますが、これは用語として正しくない。存在しているものに、科学の方が追いついていないのだとするならば、「未科学的」という用語の方が合っているのかもしれません。

世の中、不思議なことはたくさんあります。

いや、むしろ、不思議なことの方が多いのかもしれません。

百聞は一見にしかず。

体験会で是非、実感なさってくださいませ。

EQTで量子加工できるもの

EQTで量子加工ができるものには次のようなものがあります。

・土地（場がよくなります）
・気になる場所（邪気が消えてケガレチがイヤシロチに変わります）
・建物（建物全体が整います）
・高圧線

・携帯電話基地局
・部屋（床・壁など）
・自動車（運転の疲れやすさが違います。燃費がよくなるという報告も）
・その他乗り物（バイク・電車・飛行機・船など）
・配電盤（家全体がよい状態になります。電気代が減ったという声も）
・家電製品（電磁波対策になります）
・電灯（LED照明などには特にやっていただきたいです）
・OA機器
・携帯電話（通話相手や基地局周辺の人まで整うという実験も）
・食品・調味料（味がよくなります）
・飲み物（ワインの味が変わるとのワインソムリエの声も）
・食器類
・水回り（台所、洗面所、浴室、トイレなど、水の質が変わります）
・家具
・ベッド（特にお勧め！　質のよい睡眠がとれます）
・寝具（寝心地が変わります）

・衣類（お勧め！　食や住と並んで健康の要です）
・靴（疲れやすさが違います）
・メガネ（視界がすっきりします）
・スポーツ用品（パフォーマンスが上がります）
・楽器（プロの音楽家が絶賛！　音がよくなります）
・オーディオ（オーディオマニアが絶賛！　音がよくなります）
・アクセサリー（輝きが増します）
・パワーストーンなど（エネルギーを浄化し輝きが増します）
・健康器具（相乗効果が見込めます）
・施術ベッド（施術の効果が上がります）
・サプリメント・健康食品（本来持っていた力をより発揮します）
・薬剤
・化粧品
・バッグ
・名刺（引き寄せ名刺になります）
・パンフレット・見積書（営業成績が上がったという報告も）

・お財布
・ペット用品（ペットが元気になります）
・ネガティブ・エネルギー（気が悪い場所、嫌な感じがする場所を浄化）
これも一例にすぎません。
ＥＱＴはありとあらゆるものを量子加工できるのです。

ＥＱＴユーザーの体験談

次にＥＱＴユーザーの体験談をご紹介します。
注①：ＥＱＴは医療機器ではありません。健康に関する効果効能をうたうものではなくあくまでもユーザーの体験談です。
注②：文中のヒト・フタ・ミー・ヨー・イツ・ムユ・ナナ・ヤー・ココノ・タル・モモチ・ヨロズなどは、ＥＱＴの加工ボタンのことです。

◉ＳＭさん

２０２２年11月26日のセミナーを受け、太陽ランクでお世話になっているＳＭです。

今では、200個近くをEQT加工しています。たくさんの結果が出ていますが、その中のいくつかをご報告します。

主人の体調改善。心臓の持病が有り、3月29日に緊急入院しました。

退院予定は2~3週間後でした。

輸血、酸素マスクをつけた状態でしたが、頻繁にEQT加工したところ4月5日に無事、8日間で退院できました。

治療の凄まじさは、診療明細書A4サイズ10ページに表れていました。

そのほかの体験として、ボタンの花の育成歴は30年なのですが、EQT加工したところ今年が一番の出来でした。

◉AKさん

4月1日に太陽ランクの会員となりその日に職場のエステ店の建物をGoogle Earthでエフェクトしました。

4月3日に出勤した際に職場のパソコンなどの電化製品をエフェクトし、4月6日にエフェクトし忘れていた配電盤をエフェクトしました。

その週末は既にお客様の予約が何件か入っていたのですが、さらに私が担当するお客様の予約が2件入り、とても忙しい週末となりました。

その翌週には新規のお客様の予約が1日に1~2件入り、4月中旬の土曜日には新規のお客様が3件入りました。

平日の新規のお客様が入るのは1件か2件くらいですので、こんなに新規の予約が入ることはほとんどありません。

これはETQ効果ではないかと思います。

ありがとうございました。

◉JSさん

身体に「ヨロズ」加工をかけていただいたら、その後3日ほど眠くてたまらない日が続きました。

特に寝不足や疲れることもしていなかったので不思議に思っていましたが、3日後に半年以上きていなかった生理がきてとても驚きました。

現在、「ヨロズ」をかけていただいてから2ヶ月ほどですが、定期的に生理もきていますし、最近ではずっとどうしてもできなかった早寝早起きができるようになり生活が激変しています。

ただ、変化の具合の感じ方としては、激変というより、前からこうだったかなと思うくらい自然に今の状態になった感じです。

すごく頑張ってしんどいとか無理しているとかでもありません。

まさに最適化という言葉がピッタリです。

◉STさん

①父の脳出血に「ヤー」

2022年12月3日父が急性期の右脳出血で緊急搬送されそのまま入院。

12月10日に手術となりました。

コロナの影響で面会出来ず父の写真を探したところ、2019年の家族旅行に8枚写っていたので全てに「ヤー」を1回ずつかけました。

その後、退院説明の際に見せて頂いた患部画像や検査結果と同席していた本人にも「ヤー」をかけました。

患部には痕跡があるものの血液は吸収されているが、今後麻痺やてんかんの症状が出る恐れもあり車の運転も控えた方が良いとの事でした。

それに備えて自宅を改装する必要があるとの話も出ましたが、今のところ麻痺などの症状は出ておらず運転も出来ています。

検査で脱腸も判明し4月中旬に手術する運びとなりました。

幼少期から自覚症状は有ったようですが、普段自分の不調を言わない父なので今回の事で家族も知る事となり、これも最適化のひとつなのだなと感じています。

お礼の気持ちも込めて病院の再加工は今も続けています。

②体調不良？の人に「イツ」
2023年1月22日夕刻、帰宅途中に歩道に両手両膝をついている人（四つん這《ば》いのような体勢）に遭遇しました。

他の通行人が声をかけようとしたところ、立ち上がり歩き出したものの真っ直ぐには歩けておらず左右にフラフラして、その後も座り込んだり、ふらついて歩くのを何度か繰り返していました。

万一緊急事態だったら大変だとその人に「イツ」の加工をかけましたが、加工が終わらないうちにアッと声をあげ走り去ってしまいました。

さっきまでふらついていたのに一体何なんだ！　と思うと同時にただの酔っぱらいだったのかもという気もしましたが真相は謎です。

③自分の変化

どちらかというと内向的な性格で親しい人以外との交流を避けて来ました。

２０２２年９月にＥＱＴを使い始めてからセミナーやイベントで人や情報などたくさんの新しい出会いがあり、今ではスケジュールの大半がＥＱＴ関連です（笑）。

今までセミナーの類《たぐい》にほとんど参加してこなかったのは、ＥＱＴの情報場で得られるもの以外は自分には不要だったということかなと感じています。

時には回り道も必要だとは思いますが、余り遠回りせずＥＱＴに巡り合えたのは超ラッキーだと思います。

◉ＫＫさん

押入れにしまって放置していたiPhoneを久しぶりに充電しながら操作したのですが、手がビリビリ痺《しび》れてきて、頭もボーっとして、不快感を覚えたので、iPhone端末にナナのエフェクトをかけてみました。

エフェクトが完了した瞬間に、充電しながらスマホを操作しても、ビリビリ痺れる不快感が全くなくなりました。

エフェクトをかけていないスマホを久しぶりに触りましたが、こんなに電磁波が強いものを毎日使っていたことを思うと、ゾッとしました。

毎日使っていたら身体がだるくなるのも無理はないと思い、身の回りの人のスマホにEQTのエフェクトをかけてあげたいと心底思いました。

◉SMさん

セミナー受講時、コブテスト（体幹チェック）を受け体幹強化の効果を実感しました。

常時、身につけているグッズに加工を施そうと考えネックレスに加工をしましたが、アクシデントでネックレスが切れてしまいました。替えのグッズを探していたら究極のグッズがありました。

それは、口内にセットした歯科矯正（矯正は、2022年11月に終了）のリテーナーです。

歯の裏側に接着剤でついていて、口内にはジルコニアでの治療歯もあります。

口内写真を撮って早速加工しました。

即効果があり、体幹強化されたためにビリヤードの成績が良くなりました。

もちろん、キューも加工してあります♪

◉FKさん

会社に行くとwifiだらけで疲れていましたが、行くたびに電磁波消去と思いつつ「ヨー」という加工ボタンで調整を毎日やったら、体の疲れが減りました。

それと上司が何故か優しくなりました（笑）。

◉YKさん

脊椎《せきつい》すべり症からくる腰痛と左膝の痛みで毎日激痛に耐えながら仕事をしています。

EQTで衣類、配電盤、家等を最適化した結果、使い始めて10日めくらいに気がついたら左膝痛がなくなっていました。

腰の激痛はまだまだ変化はありませんが、膝の痛みがなくなっただけでも少しは楽に過ごせるようになりました。

◉KKさん

部屋でいつも座っているイスに「モモチ」という加工をかけてみました。

座っているだけで不思議と気持ちが落ち着いて、心休まる、安心感に包まれるようなイスに変わりました。

モモチのキャラクターは木々に囲まれていますが、まさに森林浴をしているかのような、自然の中で過ごしている時の安心感を得られる効果があると思いました。

◉NKさん

会社のビルに「タル」で加工中です。

身の回りも360度、至近距離にパソコンなど電子機器が置いてありますので、電磁波の影響が強いと思い、「イツ」～「ナナ」辺りで加工をしています。

職場の会話が円滑になって、人間関係が良くなったと思います。

周りの人が「これやりましょうか」と、助けてくれることが多いので、仕事がスムーズに進んでとてもありがたいです。

◉IIさん

他の参加者の方がブレスレットをつけただけで夜間頻尿が治った、とうかがいました。

夫も毎晩4回くらいトイレに起きるので、どんなもんかね？　と購入して帰りました。

帰宅後、何も一切説明せず、とにかく着用して寝てみるようにとブレスレットを渡しました。

そして、その晩はトイレに起きなかったそうです。

その日以来、夜のトイレは起きても1回になっています。

また、義父にいたっては毎晩5～7回はトイレに通っていると聞き、ブレスレットを送りました。

現在、回数は半分の3回になっています。

着用して1週間もたっていないです。

何の薬も飲まず、運動も食事療法もせずにです。

何が起きているのかはまったく理解できませんが、夜間頻尿の改善、という一点でも本当に素晴らしいですし、何かが起きていると思われます。

素晴しい発明をしていただいて、本当にありがとうございます。

◉FKさん

EQTを利用してから自分に「ヨー」で全身を加工すると、家族から「最近イビキ無くなったね」と言われました。

また肩首が凝る時には、「ヨー」を何回かすると肩首がスッキリします。

それと新聞紙面で知った難病の女の子にも「ヨー」でエネルギーを送っています。

◉HAさん

木の枝を切る時にノコギリの歯が手の小指に当たりえぐれるような傷が出来てしまいました。

血が出てジンジンしていたので「ヨー」で加工し絆創膏を貼ってみました。

12時間後には、もう傷が塞《ふさ》がって痛くない！

通常傷の修復には数日かかるはずなので、とても驚きEQTの凄さを知りました。

◉KTさん

自分が所属している○○県マンション管理士会（○○県会）の会長が管理組合の顧問を担当している○○町のリゾートマンションで、修繕委員会の委員長であるA氏に建物調査の件で理不尽な絡まれ方をされる、という事案が発生しました。

○○県会の会長とはいえ、あくまで一人のマンション管理士と管理組合との契約です。ところがA氏は、○○県会の責任も追及するとして、○○県会が毎月開催している無料相談会に出席します、という押しかけ予告を行ってきました。

その話を会長から耳にした日の夜、自分はグーグルアースを利用して、そのリゾートマンションに対してEQT加工を行いました。

最初は「イツ」で加工したのですが、何となく生温い気がしたため、思い切って「タル」で上書き加工しました。

翌日、会長から電話がありました。

A氏は、相談会には出席しないとのこと。

とはいえフェイントの可能性もあるため、相談会当日、○○県会側は準備万端で身構えていましたが、A氏は本当に出席せず、最悪の事態を回避できました。

ところで、この時の「タル」の加工対象は、あくまでリゾートマンションです。

ですがその際、加工を行った自分をブルッと寒気が襲いました。

「…もしや」と思い、急いで寝る準備をし、ベッドにもぐり込みました。

その直後、体に超絶的な変化がはじまりました。

「呪い返し」ならぬ「最適化返し」を体験したのです。

EQTの特徴まとめ

・撮影した対象物に量子テレポーテーションを起こして量子的なエフェクト（効果）をか

ける
・写真撮影を通じ森羅万象あらゆるものをファインチューニング（量子最適化）できる
・加工ボタンには、効果の強さによって12種類がある
・加工の結果、体幹が強くなり心身のバランスが整う
・あらゆる人工物や電磁波などの有害物、自然・動植物まで最適化できる
・量子加工の効果をコブチェック（体幹テスト）などによりその場で確認できる

EQTをより深く理解するために

この本を手にしたあなたは、ぜひ、EQTのユーザーになっていただきたいと願うばかりです。

まずはどんなものか知りたい方は、EQT体験会に参加してみてください。

全国で無料開催されています。

東京をはじめとして、福岡、霧島、岡山、京都などで現地開催もされています。

私から直接話を聞きたい方は、「ヒカルランド神楽坂みらくる（元氣屋イッテルに屋号変更予定）」さんのメルマガで内容をチェックしてみてください。

ＥＱＴラボの特別体験会も各地で開催中ですので関心のある方は、こちらのＱＲコードから情報をチェックするか、「ＥＱＴラボ・リザスト」で検索してみてください。

ＥＱＴラボは、世界最強のＥＱＴユーザー集団を育成することを目指して、著者（田村）が立ち上げた任意団体です。

ＥＱＴラボでは、各種の勉強会を毎週オンラインで開催しています。

ＥＱＴの応用方法が学べる研究会、初心者講習会、体験シェアやＱ＆Ａを扱う井戸端チャンネル、代理店講習会、電磁波などの専門セミナーチャンネルをユーザー向けに開催中です。

また、ＥＱＴを高度に使いこなすためのＥＱＴ大学も創設しています。

ＥＱＴ端末を持つのはゴールではありません。

意識進化のスタートです。

ＥＱＴは、量子力学の原理を使っています。

量子の世界は、創造が起きる前の世界。

観察者の意識と目で現実創造するのです。

そのための意識進化と観の目の開発などもＥＱＴラボで指導しています。

以下のような学習プログラムをＥＱＴラボのメンバーシップやＥＱＴ大学で提供しています。

- 生命の神仕組みを知る講座（遺伝子・ミトコンドリア・自律神経・免疫など）
- いきもの大学
- 古神道に基づく秘伝の呼吸法
- 量子力学
- 次元認識、宇宙論、時間論
- 量子的意識開発法
- 量子的創造眼・観の目開発法
- 支配・洗脳の解除方法
- 真の歴史と社会構造を知る講座
- 森羅万象とのコミュニケーション方法

・人間ＥＱＴになるためのトレーニング

など、ユーザーになってからの学習プログラムも充実しています。

ＥＱＴに関しては記事を数百あげているＥＱＴラボブログ（アメブロ）も参考にしてみてください。

いつか地球防衛軍の同志としてあなたにお会いできる日を楽しみにしています。

Part II

13次元の意志に導かれ
地球生命を丸ごと救う
万象源力【EQT】
へと向かう

EQTラボ代表

田村和広氏 取材

時・2022年11月28日（月）

於・イッテル珈琲

Chapter ①

愛犬とのコミュニケーションから全てが始まっていた⁉

興味は動植物とか宇宙人とのコミュニケーションだった⁉

私は、橋を渡ったら北九州という下関市で生まれて、今は山口市に住んでいます。

父親が犬とか鳥とか動物をたくさん飼っていて幼少期から動物に囲まれて過ごしてきたので、動物が大好きになって、今思うと、動物や植物と自然に会話をしていたようなところはありました。

動物が死ぬと、何でこんなにあっけなく死んでしまうのだろうなどと思って、今、振り返れば、子どものころから、死んだらどうなるんだろうとか、死後の世界に対してすごく関心がありました。

小学校のころだったと思いますが、スズメが自宅の庭に落ちていて、まだ息があったので助けてあげたかったけれども、学校に行かなきゃいけない。寒い時期だったので、車の中だったら暖かいだろうからと、とりあえず父親の車の中に入れて、帰ったら世話をしてあげようと思いながら学校に行きました。その日は気もそぞろで、授業が終わって一目散に帰ったけれども、残念ながらスズメはもう冷たくなっていたのです。

両親は、庭に埋めてあげなさいと言っていたけれども、私は諦め切れず、「生き返れ、生き返れ」と祈りながら、手のひらでスズメを包んで、暖め続けました。私はヒーラーという側面もあるのですが、今思うと、それが原点だったかもしれません。

当然のことながらスズメはよみがえることはなかったのですが、何とか助けられないのか、助ける技術はないのかと、子ども心に思いました。それが、その後、健康とか医療とか、いろんなことに興味を持つようになった1つのルーツなのかなと思います。

また、宇宙にもすごく関心があって、将来の夢は天文学者になることでした。それで、両親に天体望遠鏡を買ってもらって天体観測をしたりして、宇宙には何か生き物がいるんじゃないか、会えたらいいなとか思っていました。

また、UFO雑誌を創刊号から買って、どこそこでUFOが目撃されたとかいう話を読んで胸をときめかせたり、雰囲気に浸りたいということで難しい天文学書を読んだりしていて、SF小説も好きでした。

「スター・トレック」というアメリカのテレビドラマが大好きで、宇宙船に乗って銀河系を旅する姿に憧れて、宇宙人と会ったときの準備をしよう、どうすれば宇宙人と話せるのだろうということで、人間だけではなくていろんなものとのコミュニケーションの方法を学びたいと思うようになりました。

コミュニケーション全般に興味があったので、NHKの外国語講座のテキストを、英語だけではなくロシア語、中国語、スペイン語等々買って、ラジオから異国の言葉が流れてくるのを、こういう言葉を話す人たちはどういう国に住んでいて、どういう暮らしをしているのだろうか、私たち日本人とは違うんだろうなと、憧れを感じながら聞いていました。当時は世界の見聞を広めるには本とか図鑑とかラジオ・テレビしかなかったわけです。

そういう中で、軒並み外国語をマスターできたらいいなということで、国連関係の仕事をされていた方が書いた、「こうすれば二十数カ国語がペラペラになる」というような本を愛読していましたが、物にはなりませんでした。

そのうち動植物とか宇宙人と話すということに興味が戻って、今の私の興味・関心のベースは、見えない世界であり、宇宙であり、自然であり、動植物です。

もう1つ、不思議な力にも興味がありました。当時、超能力ブームが起こって、ユリ・ゲラーが手をかざすとスプーンが曲がったり、止まっていた時計が動き出したりするのをテレビで見て、超能力関係の本をたくさん買って愛読していました。

また、学校の勉強はそこそこに、念力とか透視の練習ばかりしていました。例えば、六角形の鉛筆に1から6まで番号を振って、「1が出ろ」と言って転がすとか、ESPカードを使って透視するとかやっていて、ちょっと変わった少年だったのかなと思います。

中学生ぐらいからは宗教とか精神世界にも目覚めて、神様というのはいるのかなという感じで、聖書を読み始めました。また、仏教にも興味があって、松原泰道さんという有名なお坊さんが書かれた『般若心経入門』という本を愛読していました。

それで、中学1年のときに「般若心経について」という題で読書感想文を書いたら、両親が学校に呼び出されて、「和広君、大丈夫でしょうか」と言われたらしいです。

高校生ぐらいからは精神世界に入っていったのですが、今ほどスピリチュアル関連の本もなかったので、伝統仏教とか神道とか宇宙関係の本を読んでいました。

あとは、インドの聖人と言われる方々、OSHOとかクリシュナムルティとかの本を愛読していました。

もう1つ関心があったのは、実はアートでした。いろいろ志して、物にはならなかったのですが、まず、詩人になりたいと思って、詩集を読みまくりました。その当時傾倒したのは堀口大學さんで、彼がフランス近代詩を訳した『月下の一群』を読んで、言葉というものの不思議さに感動しました。あとは、日本の俳句とか和歌で、『万葉集』とか『古今和歌集』を読んで、言葉という素材を使って自然とか宇宙とか神様とかを描写できるすばらしさに関心を持って、いろいろ読んできました。

ピアニストを志したこともありましたが、手が小さいので無理だということで、途中で諦めました。

日大芸術学部を出て、テレビの制作プロダクションに就職

私が高校生のころはテレビが最新のメディアで、テレビ全盛時代でした。父親がテレビマンだったこともあって、テレビマンになろうと思って、映像制作を教えてくれる学科がある日大芸術学部の放送学科に進学しました。

卒業後、フジテレビを受験したのですが、当時、フジテレビは視聴率三冠王みたいな感じだったので受験生が3000人ぐらいいて、入れませんでした。

そのころ番組制作はテレビ局から制作プロダクションに移る時代になっていたので、新日本制作株式会社というところに入社しました。

そこの事務所は四谷三丁目にあったのですが、昭和九年会のたまり場になっていて、石

原裕次郎とか、大橋巨泉とか、坂上二郎とか、藤村俊二とか、大物芸能人がいっぱい来ていました。

ところが、その会社の社長は、フジテレビの創業メンバーで有名なクリエイターでしたが、経営に失敗し、2年で会社を閉めてしまいました。大林宣彦さんの尾道三部作をつくっていた大物プロデューサーとか、フジテレビの役員など、「トラック野郎」とかをつくった東映の制作課長など、オールキャストみたいな感じでした。

私はネクタイとスーツが大嫌いで、それを着ないで済む職業というよこしまな動機で入ったので、当然私服だし、何時出社という決まりもないので適当な時間に出て、制作のときはめちゃくちゃ忙しいけれども、暇なときは何をやっていてもいいという感じで、すごく自由な雰囲気を楽しめました。

会社をやめて帰郷し、営業に目覚めてトップセールスマンになる

そんな中で、給料を払い続けるのも負担になるんじゃないかと思ったし、私は長男なので両親も帰れと言っていたこともあって、会社をやめて山口に帰ることにしました。

ところが、芸術学部を出て、山口県の田舎に帰っても、仕事がない。たまたま地元の新

聞とか民放地方局のCMをつくる会社が社員を応募していたので面接に行ったら、そこの役員に「今は空きがないから、グループ会社のコンクリート製品を販売する会社で営業として働いてくれるか」と言われたのです。

私は内向的で口下手で、人にモノを売るなんてとてもじゃないけどできないと思っていたので、セールスマンは一番なりたくなかった職業だったのです。まして、コンクリートですから、売り先は土建屋さんです。建築現場に営業に行くと、職人のオッチャンに「現場に三つ揃《ぞろ》いの背広で来るなんて、どういう心得だよ。セメントを運べ」とか言われて、ボロボロになって家に帰ったら、両親はびっくりして、すぐやめろと言われましたが、やめるきっかけがなかなかなくて、ずるずると続けることになりました。

一番イヤな職業についたけれども、そこで自分でも気づかなかった才能を見出すことになったのです。つまり、営業に目覚めたわけです。一時期トップセールスマンになって悠々自適だったこともあります。現場の所長さんとかにかわいがってもらって、1つの現場から2億円ぐらい受注したこともありました。

公園で亀を1匹捕まえてから、結局二十数匹飼う羽目になった

ただ、ずっといるところではないなというのは心の底にあって、自分が子どものころに思っていた、コミュニケーションとか、動植物とか、宇宙、スピリチュアルに戻りたいなという気持ちはありました。

そのときに、運命的な出来事があったのです。一戸建ての借り上げ社宅に住んでいたのですが、休日に近くにある自然公園に息子と娘を連れて行ったときに水辺にいる亀を見つけて、そう言えば、僕は小学校のときに亀取り名人だったことを思い出しました。

亀はのろいというイメージがありますが、実はすごく素早くて、頭を出していても近づくとサッと水中に逃げるので、自分は木になったと思い込むことで気配を消して近づいて、虫取り網でシャッとすくい取ります。

キャッチ・アンド・リリースのつもりだったけれども、子どもたちが家に持って帰って観察したいと言うので、夜になったら放してあげるつもりで持ち帰りました。社宅はペット禁止だけど、犬や猫のように鳴いたりしないからいいかなということで、図書館に行って図鑑を見たら竹輪とかを食べるらしいというのがわかって、餌《えさ》をあげて1泊したら、それが2泊になり、3泊になって、結局飼うことになってしまいました。

その後は、亀の餌を買いに、犬猫以外の鳥とか亀とか爬虫類とか珍しい生き物を販売しているペットショップに毎週末に行くのが楽しみになりました。

私は何でもとことん極める性格なので、亀のことを徹底的に調べようと思って亀に関する専門誌を読んでいたら、ペットショップの店員より詳しくなってしまいました。そしたら、店員さんから「実はこの亀が全然売れなくて困っているので、田村さん、お代は要らないから引き取ってもらえませんか」と言われることが何回も続いて、結局、亀を二十何匹も飼うことになったわけです。

そのころ、「絶滅のおそれのある野生動植物の種の国際取引に関する条約（CITES）」というのがあることを知りました。

ペットショップのビンゴ大会で子犬が当たって飼うことになった

その店の隣に犬猫のペットショップがあって、あるとき、人がいっぱいいるので何事かと思ったら、ビンゴ大会があって5万円の商品券が当たるらしいというので、私と息子と娘で参加しました。我が家はくじ運がよくないのですが、神様のいたずらなのか、最初はビンゴカードの穴が全然あかなかったのに連続してあいて、1等賞の犬が当たってしまいました。店員さんに「どうしますか」と聞かれて、「うちは飼えないので」と言おうと思っていたのに、口が勝手に動いて「飼います」と言ってしまったのです。

子どもたちは、ウワーッと喜んで万歳をしている。私は困ってしまって、女房に断らせようと思って電話したら、慌ててやってきた女房は、子どもたちと一緒にどの犬にしようかと選んでいるわけです。

結局、コーギーというイギリス王室で飼っている犬を家族が気に入って、飼うことにしました。犬は無料ですが、登録料とか、ワクチン接種料とか、ドッグフード料とか、ケージとか、首輪とかで十数万円払うことになって、タダほど高いものはないと思い知りました。

亀の餌を買いに行って、子犬を連れて帰ることになったわけです。何の準備もないところに天から転がり込んできたようなものですから、慌てて本屋に行って、子犬の飼い方の本を買ってきました。

ペット禁止なので、見つかったら社宅から追い出されるのではないかと心配したのですが、何とその後、バブルが崩壊し会社の経営が悪くなって、2年後をめどに社宅制度を廃止することになったわけです。それで、住んでいた社宅を買い取らせてくれないかと大家さんと交渉したらオーケーということで、晴れて犬を飼える状況になったのです。

子犬の飼い方の本には、人は犬のボスにならなければいけない、そのためには人のほうが偉いということを犬にわからせなければいけないと書いてありました。

その1つとして、後ろから犬の口を持ってギューギュー動かしても抵抗せずに身を任せるようにしつける、マズルコントロールというトレーニングがあります。アルファロールオーバーというトレーニングもあって、これは犬を仰向けに寝かせて上から押さえつけても、じっと身を任せるようにしつけるのです。これは母犬が教育的指導のために子犬によくやることです。

ただ、コーギーはもともとは牛のかかとをかんで誘導するための犬なので、気性が荒くて、しっかりしつけないと結構かむのです。子犬のうちはまだよかったけれども、だんだん大きくなってくると、仰向けにして押さえつけると下からかんでくるようになって、そのうちかみ犬になってしまったわけです。

私は今でも何カ所かかまれた痕があるのですが、かまれると病院に行くぐらい血が出るわけです。そのうち家族全員がかまれるようになって、このままではまずいので、トレーナーさんのもとでトレーニングしてもらおうと思って、まず警察犬訓練所に連れて行きました。

そしたら、「あんた、犬になめられてるね。あなたのほうがボスだとわからせないといけませんよ。この棒で鼻先を叩きなさい」と言うわけです。

そんなことはできないと思ったけれども、しようがないので軽く叩いたら、向こうもやられるとわかって先制攻撃でかんでくる。それを見たトレーナーさんが「そんなのじゃダメだ。私に貸しなさい」と言って、バシーンと叩いたら、キャイーン、キャイーンと大声で鳴いて、そこからおとなしくなって、トレーナーさんは「これで人のほうが上だとわかったよ」と。

これが地獄の始まりでした。今考えるとわかることですが、信頼関係もへったくれもないから、やられる前にやってしまえ、先制攻撃だということで、もっとかむようになってしまって、手がつけられない。怖くて近くにも行けないという状態になってしまったわけです。

通常だったら保健所に連れて行かれるような犬だったと思うですが、私にはそういう選択肢はありませんでした。あるとき、新聞に無料しつけ教室を陸上競技場のグラウンドでやるというチラシが入っていたので行ってみたら、すごい人だかりで、NHKのテレビまで来ていました。

女性の訓練士さんが拡声器で「ワンちゃんを横につけて」とか、「お座りさせて」とか指示を出すと、ほかの犬はちゃんとやるのに、うちの犬だけは、もう帰ろうという感じで言うことを聞かないので、「そこのコーギー、そんなのじゃダメでしょう。何だったら、うちに来る?」と言われて、しつけ教室に通い始めました。

犬のかみ癖を直すために入った教室でアジリティー競技に出会い、グランドチャンピオンになった

犬がハードルを飛び越えたり、トンネルをくぐったり、高いところへ登ったりするアジリティー競技というのがあって、世界大会もあるのです。そこは日本チャンピオンの犬もたくさんいる教室で、号令1つでコントロールするので、すごいなあと思いました。

普通の犬は「おいで」と呼ぶと来るけれども、うちの犬は首輪が外れると二度と捕まらない。おやつとかおもちゃで呼び寄せようとしても、向こうも心得たもので、近くまで来るけれども、手を伸ばすとサーッと逃げてしまうから、家族総出で数時間がかりで取り押さえるような感じでした。アジリティー競技というのは、首輪を外してフリーの状態で指示して犬が言うことを聞くという競技なので、うちの犬は100年たっても無理だろうなと思いました。

最初の大会は、Uの字に設置されている簡単なハードルを、リードをつけた犬と飼い主が一緒に走るので出てみないかと言われて、これなら大丈夫かなと思って出たら、何と1等賞を取ってしまったのです。

私は基本的にはインドア派で、土日は家で読書するか動画でも見るタイプだったのですが、先輩方に「コロちゃんは才能があるから、今度、福岡県で大会があるから出てみない?」と誘われて出てみたら、そこでも優勝してしまったわけです。

そこから勘違いが始まって、もしかしたらうちの犬はすごいんじゃないかと思い始めて、行動半径が広がっていきました。日曜日は本屋さんに行くぐらいで遠方に出かけるなんてとんでもないと思っていたのが、四国に行こうとか、関西に行こうとか、東京に行こうとか、最終的には北海道の大会まで出場して、ことごとく表彰台に上って、グランドアジリティーチャンピオンという称号までいただきました。

結局、キャンプをしたり、ものすごいアウトドア派になってしまって、家族旅行も兼ねて、1日は競技会、1日は観光という感じで、ディズニーランドとかにも行くようになりました。

アジリティー競技で肝心なのは犬と人間のコミュニケーションです。リードを外した状態で犬に複雑なコースを走らせるのですが、順番を1個でも間違うと、即失格です。コースのレイアウトは毎回違って、しかも、その日のコースは走る直前に審査員がレイアウトするのです。人間は、コースを覚えるためにフィールドを数分間走って、こういうふうに誘導しようとかプランを練るのですが、犬は完全にぶっつけ本番です。

そのためには、いかに自分の意図を的確にタイミングよく犬に伝えるかが大事だと思ったので、人間とは違う生き物と、どうやって意図を伝え合うか、コミュニケーションを研究し始めました。テレパシー的なコミュニケーションもあって、アニマルコミュニケーションと言われていますが、以心伝心で意図が伝わるのです。

「天才！志村どうぶつ園」というテレビ番組で、動物と話せるハイジさんという米国人女性がご家庭を訪問して瀕死のワンちゃんと話して、「このコはこんなふうに言ってますよ」と言うと、「うちのコはそんなふうに私を考えてくれているんですか」と、家族はボロボロ泣き出すのですが、ああいうことができるわけです。

それだけではなくて、目とか指先とか声のトーンとか体の向きとか、ボディーランゲージを使ったコミュニケーションもやりました。

その極みで、不思議な体験もしました。グランドアジリティーチャンピオンになった、岡山県での大会のときです。数百人のギャラリーと何百頭というワンちゃんがいるので、ワンワン、ガヤガヤうるさい中で1チームずつ走るのですが、私の番になって走り始めたら、周囲の喧噪が消えてシーンとした空間に入って、犬と私が完全に一体になってコミュニケーションが不要になる境地に入ったのです。

私とあなたという個として離れているからコミュニケーションが必要になるわけで、一体になればコミュニケーションが不要になります。そうなったから、私が指示しなくても、考えていることが瞬時に犬に伝わって完璧な走りができたのだと思います。最後のハードルを飛び越えた瞬間、またワーッと音が聞こえてきました。

あの体験は一体何だったのだろうと後で考えてみると、よくスポーツ選手がゾーンに入ると言いますが、それに近いのかなと思います。それはコミュニケーションの頂点みたいなことで、そのときの感動は本当にすごいものでした。

種類の違う生き物がコミュニケーション不要でつながるすばらしさ

人と動物という種類の違う生き物同士が、これくらいつながり合えるということを体験して、これを多くの人に感じていただきたいと思って、そういうことをブログに書き始めました。犬のブログを10年間、毎日書き続けたら、ファンがどんどん増えてきて、大阪とか東京に行ったときに「ブログの読者さん、いつもありがとうございます。お茶でもしませんか」と書いたら、ワーッと来て、できれば教えてほしいと言うのです。

私はもともと内気でシャイで、中学とか高校のころは、男子はお昼休みにはサッカーやソフトボールをするのに、私1人、教室で本を読んでいるわけです。すると、女の子が来て、「和広君、何を読んでいるの」とか聞いてくるけれども、私は女性と話すのが大の苦手で、何を話していいかわからないので、しどろもどろになってしまう。

ですから、人とコミュニケーションをするとか、人に教えるとか、モノを売るなんて私にはとんでもない話だと思っていたけれども、自分が一番苦手だと思っていることにすごい才能があるということを見出したのです。

ブログの読者さんに教えてほしいと言われて、「じゃ、ただで教えてあげます」と言ったら、「いやいや、お金をちゃんと払いますから」と。お金を取って教えるなんてちょっとおこがましいなという感じだったのですが、やってみると、「すばらしかったです。またやってください」という感じになって、今では講座をやったりスクールをやったり、いわゆる講師業ですが、読者さんに育ててもらったようなものなのです。

それで、サラリーマンをやりながら、土日に東京と大阪に1日ずつ出張するという形で「アニマルヒーリングスクール」というのを立ち上げて、レイキとか、ヒーリングとか、テレパシーで動物と話をするアニマルコミュニケーションとか、どちらかというとスピリチュアルなことを教えていました。

東京と大阪と山口と3カ所でやっていたのですが、一時期は30人以上の生徒さんが毎月いて、サラリーマンの収入を超えてしまいました。いつかは独立してやりたいなと思っていたのですが、家のローンが残っているし、子ども2人が大学生で、人生で一番お金が要るときだったので、もっと先というイメージでした。

副業禁止の会社だったので、ブログも顔を隠していたし、ペンネームでやっていたのに、生徒さんたちが勝手に盛り上がって、何とか委員会みたいなのをつくって、私は引っ張られていくような感じだったのですが、「先生、これはすばらしいから、ぜひ協会にしましょう」とか言うわけです。

すると起業みたいになるので、ビジネスのこととか組織のつくり方とかをちゃんと学ばないとダメだなと思って、ビジネススクールに通い始めたり、コンサルの先生についたりして、協会の立ち上げ方とかを学びました。

たまたまコンサルの先生が人のコミュニケーションを教える先生で、しかも愛犬家だったので、私が犬や猫と話せる学校をつくりたいと思っていると言ったら、「それはおもしろいね。絶対いけるよ。私もワンちゃんが好きだから、どういうふうにやるのか、ちょっとやってみてくれないか」と言われたのです。

そこで、目をつぶって深呼吸して、心の中のザワザワを取って、落ち着いてきたら、そのワンちゃんをイメージの中で呼んで話をする瞑想誘導みたいなのをやりました。

そしたら、その先生が、何か納得してないという感じで、目をつぶりながら首をかしげる。そのうち目をあけて、「田村さん、何でこんなことをやるの」と言うので、「コミュニケーションというのはハートとハートでつながってするものだから、瞑想的な境地になることが必要なんですよ」と言ったら、「何かまどろっこしいや。もうちょっと直接的に目で見て気持ちがわかるとかいうのはないのか」と言うわけです。

私が「ないことはないけれども、そういうのはみんな知っていると思いますよ。私はもっと深いコミュニケーションをやりたいんです」と言ったら、「それはダメだよ」と言うのです。

今でこそ、スピリチュアルとかが受け入れられる世の中になってきましたけれども、当時はまだそんな状況ではなくて、その先生に「僕も占いとかスピリチュアルは大好きだけど、それを仕事にするとなると別だよ。目で見てわかるほうにしなよ」と言われてしまいました。

そこで、50、60人いたビジネススクールの生徒さんに「皆さん、目で見て動物の気持ちがわかるというのがあるらしいけれども、知っている人いる？」と聞いたら、シーンとして、誰一人手を挙げなかったので、「ほら、みんな知らないよ。絶対に目で見てわかるほうがいいから、こっちをやりなさい」と言われたのです。私が「スピリチュアルな方法で絶対やりたいです」と言ったら、「あなたは私に学びに来たんだよ。私のほうが経験があるんだから言うことを聞きなさい」と怒られて、しぶしぶ言うとおりにすることにしました。

ペットサイン協会を立ち上げて、ペットサインマスタースクールを設立

まず、「ペットサイン協会」と名づけました。実は、当時、ベビーサインというのがはやり始めていたのです。お母さんが、まだ話せない赤ちゃんとどうやってコミュニケーションをとるかというと、身ぶり手ぶりとか、顔の表情とか、声のトーンとか、非言語コミュニケーションで、おむつをかえてほしいのか、ミルクを飲みたいのか、遊んでほしいのか、抱っこしてほしいのかなど、赤ちゃんの気持ちを察するわけです。あとは、ボディーランゲージで赤ちゃんと会話する。

ベビーサインの動物版でペットサインにしようということになって、ペットサイン協会というのを立ち上げました。

独立するのは数年後のつもりだったのに、みんなは無責任に、「これはすばらしいから、今すぐやったほうがいいですよ」と言う。「そんなことを言ってもお金もかかるんだから」

と抵抗していました。ところが、内緒でやっていた副業が会社にばれてしまって、まずい立場になってしまったのです。また、本社に転勤になって、総務の責任者としてデスクに座っての事務仕事がつまらなくて会社にいるのがだんだん苦痛になってきたので、退職することにしました。

でも、今考えたら、そのことがなかったら、まだサラリーマンをやっていたかもしれないので、「おまえ、そんなことをやっている場合じゃないぞ。自分のやるべきことをちゃんとやれ」と、神様に背中を蹴飛ばされたのかもしれないと思います。それで、予定よりかなり早く起業することになったわけです。それが10年前です。

まず、ペットサインマスタースクールという学校をつくって、当時としては高額の、半年間で30万円ぐらいのセミナーを開くことにしました。集客のやり方も教えていただいて、1日10記事、SNSとかメルマガを書きなさいとか、結構スパルタでしたが、一生懸命書きました。

何人ぐらい生徒が集まるかということで、本講座の前にモニター的なゼロ期生というのをつくりましたが、先生に「5人来れば御の字でしょう」と言われてしまいました。まだ家族を養っていたので5人ではメシを食っていけないと思って、「5人ですか」と言ったら、先生は「何を言ってるんだ。こういう高額セミナーは簡単に売れるものじゃないよ。

しかも、あなたのことはまだ誰も知らない状態で始めるのだから、5人来ればいいほうだよ」と言うわけです。

結局、27人集めて、成約率は7割か8割ぐらいだったので、先生は「こんなことはあり得ない。田村さん、絶対こっちのほうの才能があるよ」と、びっくりしていました。

ペットサインでやっていたのは、生きとし生けるもの全てと対話して大事にしなければいけないということです。

Chapter ②

テレパシー的につながり合える共通言語の探究に尽力する！

フィンドホーン・コミュニティを訪ねて

今、私がやっているEQTラボとか、株式会社魔法のことば研究所とか、場の健康学研究会とか、ペットサイン協会とかの理念を一言であらわすと、「自然界との対話と共同創造」ということです。

スコットランドの北のほうにフィンドホーンという独特のコミュニティがあって、そこは世界中のスピリチュアルな方々とか、精神世界を探求する方々とか、環境とかエコをやる方々とかが70、80カ国から集まる有名なところで、イギリスのBBC放送が何度も取材に来て特集番組をつくったり、国連とも提携しています。

私も何十年も前から存在は知っていて、気にはなっていたのですが、遠いし、そこを訪れる体験プログラムが1週間で、前後の移動時間を考えると会社を10日ぐらい休まないといけないということで、ちょっと縁がなかったのですが、独立・起業して時間ができたので、フィンドホーンに行ってみました。

フィンドホーンの成り立ちは、ご夫婦と3人の息子さんと友人の女性がトレーラーハウスで移動しながら、そこの土地に野菜とかを植えて自給自足をするという生活をしていましたが、スコットランドのフィンドホーンにたどり着いて野菜を植えようとしたけれども、火山灰の土地なのでまったく育たなかったのです。

それで、「私たちが何とか生きられるようにお知恵を貸してください」と、神様にお祈りしたら、植物の精霊のディーバという存在があらわれて、「おまえたち人間が自然界に対してやってきたことがわかっているのか」と、けんもほろろに言われたわけです。「人類を代表して植物界におわびします」と、敬虔《けいけん》な祈りをずっと捧げたら、あるとき、「こいつらは違うな。じゃ、教えてやろう」ということで、「あの場所を何センチ掘って、そこにこういう土を入れて、この種を何月何日に植えなさい。水や肥料はこうしなさい」と、具体的に全部教えてくれて、そのとおりにやったら、植物がまったく育たない土地だったのに、普通ではできないような大きいキャベツとかカボチャがとれたのです。

それが噂《うわさ》になって、世界中の植物学者とかイギリスの土壌協会の会長とかが見に来て、こんな土地にこんなに野菜が育つなんて科学的には到底説明できないと、みんな首をかしげて帰っていったそうです。

私は日本人のグループで訪れたのですが、着いた途端に涙がボロボロ出始めて、「悲しくないのに、何で涙が出るんだろう」みたいなことが起こって、魂のふるさとに触れるような体験をしました。

私はもともとシャイで内気な性格で、今でもそうなのですが、ダンスをする機会があったときにスイッチが入ってしまって、真ん中に行ってイエーイという感じで、いろんな国の女性に「一緒に踊りましょう」と言ってハグしたり、新しい自分を発見した思いでした。自分の中の羞恥心とか、これはいけないだろうというものを解いて、全部開放して、ハートをオープンにして、愛にあふれた時間を過ごしました。

また、日本人だったと思いますが、車椅子のおばあちゃんが私に、「今、あの人、こう言っていたんじゃない?」と言うので、通訳の人に聞いたら、そのとおりだと。語学も修得してないおばあちゃんが、外国語で言っていることがわかったのです。

日本人となら日本語で会話できますが、海外の人とだと、英語なり中国語なり、その国の言語を学ばないとコミュニケーションできません。でも、私は言語の壁を取り払って、テレパシー的につながり合える共通言語層というのがあるのではないかと思っていて、それを追求してきました。

生物38億年のほとんどが非言語コミュニケーションだった⁉

コミュニケーションも階層になっていて、例えば犬語は共通言語で壁がないので、日本の犬がフランスの犬と会うと、その瞬間に会話できます。中国の犬とロシアの犬でも同様です。つまり、非言語コミュニケーションなのです。

世界中で数千の言語があると言われています。バベルの塔をつくったので、神が罰として人々が通じ合えないようにばらばらの言語にしたという神話がありますが、なぜ人間だけ言語がこんなにいっぱいあって、隣の国の人とも話ができないのでしょうか。

動物のコミュニケーションを追求していくうちに、逆に人間のほうが変だなと思うようになりました。動植物には言葉の壁はありません。もともと動植物には子どものころから興味があったのですが、人間以外の生き物の言葉に対して俄然興味が出てきて、非言語コミュニケーションというのを学び始めたのです。

アメリカの心理学者のアルバート・メラビアンが唱えた「メラビアンの法則」というものがあります。

コミュニケーションはマルチチャンネルで、同時にいろんなチャンネルでコミュニケートし合っていますが、大きくカテゴライズすると、言語コミュニケーションである言葉（言語情報）と、非言語コミュニケーションであるボディーランゲージなど（視覚情報）と、声のトーンなど（聴覚情報）、この3つの要素があります。

言語コミュニケーションと非言語コミュニケーションで矛盾したメッセージを発したときに、どっちが影響力があるか。例えば、誰かに何かしてもらったときに、口では「ありがとう」と言うけれども、声のトーンが低かったら、口先で言っているだけで心が伴っていないので感謝してくれているとは思えないし、仏頂面で言われたら、義務感で言っているということがすぐ伝わってしまいます。

ですから、全体を100％とすると、メッセージ伝達に占める影響力は、言葉が7％なのに対して、ボディーランゲージが55％、声のトーンが38％で、非言語コミュニケーションが93％を占めます。

地球上に生命が誕生したのは38億年前と言われています。生命の歴史は、ある意味、コミュニケーションを発達させてきた歴史でもあるわけですが、ほとんど非言語コミュニケーションなのです。人間が登場して初めて自然言語というのを生み出して、言語コミュニケーションに移行していったわけです。

人間が自然言語を発明したのは、諸説ありますが、ほんの数万年から十万年くらい前と言われていて、二足歩行をするようになったことが関係していると思います。四足歩行だと、体の構造上、圧迫されるので、顎から喉の間に空間ができないという制約があるからです。最初はアーとかウーとかエーという音だったと思いますが、二足歩行するようになって、言葉を発達させていったわけです。

生物の38億年の歴史を1年間にたとえると、今、私たちが話している自然言語が誕生したのは、12月31日の午後11時50分くらいで、それまでは非言語コミュニケーションだったのです。私たちにもそのベースは残っているので、非言語コミュニケーションが93%も影響力があるわけです。

問題は、そこが無意識になっているということです。私たちは言語を発達させたので、人の話を聞くときには、何を言っているかなという言葉の内容に意識をフォーカスして、身ぶり手ぶりとか言葉のトーンは無意識レベルで受け止めているわけです。

言語コミュニケーションと非言語コミュニケーションが一致しないと、この人、うまい話をしているけれども、どうもあやしいなとか、うそくさいなということになります。だから、言語コミュニケーションと非言語コミュニケーションを完全に一致させたら、その人の心の中にパンと入れるのですが、そのためには自分が本気のモードにならないといけないわけです。

非言語コミュニケーションの最も奥にあるのは呼吸
神は息なり、息は神なり

動物のコミュニケーションをいろいろ探求しているうちに、宇宙ではありとあらゆるものがコミュニケーションし合っていることに気づきました。

私は神道をずっと習ってきて、今も修行しているのですが、神道には「神は息なり、息は神なり」という言葉があります。神の本質は息であり、息の本質は神であるということです。呼吸は、吸って、吐いてというリズムで、このリズムが宇宙のありとあらゆるところにあるわけです。

呼吸を合わせるとか、あの人とは息が合うとか合わないとかと言いますが、これは呼吸が非言語コミュニケーションの最も奥深くにあるからです。武道の達人は、相手が息を吸ったときに攻撃します。

生物学的な呼吸以外に、さまざまな呼吸があります。エーテル体とかアストラル体とかメンタル体とか、7つの身体があると言われていますが、それぞれの身体が呼吸しているのです。息をウッと止めてもエネルギー体は呼吸しているので、そこを達人は見るということです。

息というのはコミュニケーションそのもので、全てのものが息をし合っている。つまり、呼応し合っているわけです。それが、ある意味、非言語コミュニケーションの極意というか、奥義でもあるのです。この領域に達すると、たぶん宇宙人とも交信できるのではないかと思います。

言語コミュニケーションは、生物の38億年の歴史から見ると新参者で未熟なコミュニケーションなのです。非言語コミュニケーションは、私たちもやっているし、93％も影響を受けているわけですから、そこを深めることによって、動物だろうが植物だろうが、自然界にあるありとあらゆるもの、もちろん人とのコミュニケーションも深まっていきます。

非言語コミュニケーションを極めていくのがペットサインです。ペットの土俵は非言語コミュニケーションなのに、我々の土俵は言語コミュニケーションだから、すれ違ってしまっているわけです。非言語コミュニケーションは93％も影響力があるのに、それが無意識になっている。そこを意図的に受け取るようにするのがペットサインというものです。

私は犬も猫も飼ってないからペットサインなんて関係ないと思われるかもしれないけれども、大ありで、ペットサインを学んだら夫婦仲がラブラブになったという人がいっぱいいます。

旦那さんとしょっちゅうケンカしていた奥さんが学びに来られました。非言語コミュニケーションを学ぶと、考えていることが手に取るようにわかって、旦那を手のひらで転がせるようになります。今、こんなことをしてほしいんだなとか、こんなことを言ってほしいんだなとか、これは言ってほしくないんだなということが全部わかるので、それに沿ったことをやってあげたら、ものすごくラブラブになったと、その方は言ってました。だから、今ではペットを飼ってない方も学びに来られています。

自然界との対話は共同創造、反対は独自創造

「自然界との対話と共同創造」と言いましたが、共同創造の反対は独自創造です。独自創造というのは、人の意見を聞かず、自分の考えだけで物事を進めることで、これが人類がやってきたことです。

もちろん会社とか組織だったら、コミュニケーションは大事だから、ミーティングとか会議をやりますが、やったとしても、人間の中でだけなのです。全ての科学も学問も、あらゆる宗教もスピリチュアルも、結局、人間の中だけです。

神道には八百万《やおよろず》の神という世界観があって、私もあなたも神、全ての動物も神、鳥も神、虫も神、山、川、海、全てのものが神であると捉えています。これはすばらしい世界観だと思うのですが、現在の神道界では動物を低いものと捉えていて、ペットが中に入ることを禁止している神社もあります。

私が神道をベースにした団体を手伝っていたときに、動物の鎮魂慰霊のための神道儀式を企画して提案したことがありました。そこに関わることになったのは、ある方の引き合わせでそこの代表と会ったときに、私が「生きとし生けるもの全てとの融和・共生が大事です」と言ったら、「それはすばらしい。ぜひうちで動物の事業をやってください」と言われたからです。

でも、ふたをあけてみると、実際はずいぶん違う。実務を担当している方に会ったら、第一声で「それは儲《もう》かるの？」と言われたのです。もちろん事業としてやっているわけですから、利益をないがしろにするわけにはいかないけれども、先にそろばん勘定かよと思ってしまいました。まず、理念、ビジョン、世界観があって、それをこの現実次元にビジネスとしてどう落とし込んでいくかという順番が大事だと私は思っているのですが、先に「儲かるの？」と聞かれて、そこからアレッと思うことがずっと続いたわけです。

宮司さんは「ぜひやりましょう」と言ってくれたのに、なかなかオーケーの返事が来ず、ついに「やらないことになりました」と言うので、「なぜですか」と聞いたら、「神道は動物のことはやらないんです」と言うので、言っていることとやることが違うんだなと思いました。

世の中には、自己啓発法とか、成功法則とか、健康法とか、幸せになる方法とか、掃いて捨てるほどありますが、ほとんど自分のことしか考えていません。自分のことというのは、人類のことです。人類以外のことは知ったこっちゃない。エコとか環境とか動物愛護とか言っている人でも、自分が関心がある範囲内で言っているだけで、地球の仲間のことを全然知らないのです。知らないというのは関心がないということです。

それで成り立てばいいけれども、もう成り立たなくなっているのです。多くの絶滅危惧種がいるということを私は知ることになったのですが、そこで気がついたのは、人類こそが最大の絶滅危惧種だということです。でも、みんなそれを自覚してません。

私は健康のこともずっとやってきました。日本人は健康オタクの方が多くて、いろんな健康法をやったり、サプリを飲んだり、健康器具とかを使う方が多いけれども、全部自分か家族かペットが健康になったらいいなということです。

それで成立すればいいけれども、実は成立しないということに気づいてほしいのです。私はそれを「タイタニックの健康学」と言っています。

どういうことかというと、豪華客船には、スポーツジムとか、クリニックとか、健康食品のお店とか、健康関連の施設もいっぱいあります。セレブの方々は健康に気を配って、クリニックに行ってお医者さんに相談したり、ジムに行って一生懸命体を鍛えてたり、健康食品のお店で体にいいものはないかと探しています。

でも、船の外をちょっと見てみませんか。この船は沈みかけているんですけど、ということです。それに何で気づかないのでしょう。

ちょっと事例を挙げると、1年間に人間の手によって殺される動物は500億です。食べるためだったり、動物実験のためだったり、楽しみのためだったり、いろんな動機はありますが、人類の文明は、彼らの犠牲の上に成り立っているのです。

それ以上によくないことがあって、それは人間は生物を絶滅させていることです。

Chapter ③

EQTは地球問題全てのソリューションである!?

1日に平均100種、1年間に約4万種の生物が絶滅している

地球の生命史上、短期間に多くの種が絶滅する大絶滅が5回あったと言われています。直近では恐竜が絶滅した6500万年前で、これは巨大な隕石が落ちてきて、粉塵が大気圏を覆って急速に氷河期になったからだというのが定説になっていますが、これは特殊なイベントです。

平穏な時期でも、環境に適応できなくなったり、生存競争に負けたりして絶滅した動物はいっぱいいます。恐竜大絶滅以降、1年間に絶滅する種の数は0・001種、つまり、1000年に1種が絶滅するというペースです。それぐらい種の絶滅というのは重いことなのです。

1万年ぐらい前、縄文時代になると、一桁上がって0・01になりました。つまり、100年に1種が絶滅するスピードになります。

1000年前、平安時代には0・1になって、10年に1種が絶滅し、100年前、大正時代には、ついに1になって、地球のどこかで1年間に1つの種が滅びました。

では、現代はどうでしょうか。諸説ありますが、1日に平均100種、つまり、1年間に約4万種、絶滅しています。年間5万から10万種と言っている研究者もいます。明日の朝起きたら、微生物から植物から昆虫から、あらゆるものを含めてですが、地球上から100種の生物が消えているということです。

とんでもない数の生き物が、今、急速に地球上から消えているという現実があります。隕石が落ちてきたとか特別なイベントはないけれども、静かなる大絶滅が起きているのです。

このままのペースで行ったら、幾何級数的に絶滅数が増えて、25年か30年後には地球上の全生物の25%がいなくなると言われています。半分がいなくなるという厳しい試算もあります。25年後だと、多くの方はまだ生きていると思いますが、それだけ絶滅したら人間は生きられなくなります。

その絶滅の中には植物も入っています。植物がどれくらいの勢いで消えているかというと、毎年、もともと緑だった九州と四国全域ぐらいのところが砂漠に置き変わっています。しかも、その数は増えています。これまで統計上わかっただけで、中国全土あるいはアメリカ合衆国全土の緑が砂漠に置き変わって、これが毎年進行中です。

私たちは、全部自然界のものをいただいて生きさせていただいているのです。水もそうですが、最も大事なのは空気です。酸素がなければ生きていられません。酸素は誰がつくっているのでしょうか。植物です。その植物が恐ろしい勢いで絶滅しているのです。

微生物も含めて、地球上の全ての生物にそれぞれの役割があって、共同で地球の環境をつくっているのです。地球劇場というドラマの配役の半分がいなくなったら、そのドラマは成り立ちません。25年か30年後に、かなりの確度でそれがやってくるかもしれないのです。これを危機と言わず、何を危機と言うのでしょうか。今、そこにある最大の危機です。にもかかわらず、みんな個人の健康、個人の成功、個人の幸福に血道を上げているわけです。個人の勝手だから、それはいいけれども、この船、沈んでいるんですけどね、ということです。

これは教育のせいかなと私は思っています。全体が見えないように、小さいところだけ注目するような教育によって、真実に気づかせないようにしているのではないかと思います。

生きとし生けるもの、神道の八百万の神観から入っていって、環境にたどり着き、健康のこともいろいろやったときに、世の中には健康法とか治療法とかセラピーとか健康に関するツールがいろいろあって、それはそれでいいことだと思いますが、それで個人が健康になったとしても、環境が今の状態だと一時的にすぎないのです。

医学・健康学2・0は原因療法　病気の原因を探り、それを除去する

環境に目を向けない今の医療や健康法は、全て対症療法です。西洋医学だけではなくて、自然療法も代替医療も全部対症療法だと私は考えています。

私はドクターではありませんが、いろんな医学を勉強・研究しているうちに、こういうことに気づきました。医学・健康学を1・0から4・0まで分類すると、1・0は、出てきた症状を抑え込む、いわゆる対症療法です。熱が出たら解熱剤で熱を下げる。痛みが出たら痛み止めで痛みを抑える。

波動医学で使用するバイオレゾナンスという振動測定器は、ドイツでは医療機械になっていて、6000カ所ぐらいのクリニックとか治療院で使われています。

日本では医療機械ではないので検査とか治療という言葉は使えませんが、実質は検査が

できて治療ができます。その機械で測定することで、病気の原因は電磁波だとか、重金属だとか、化学物質だとか探ることができます。

それらが入ってくることで気の流れが乱れ、結果的に病気になっていくわけですが、それを波動医学で治したとしても、そのままの環境にいる限り、また同じことになるのです。

私は最近ＥＱＴラボという活動を始めたのですが、ＥＱＴが何がすばらしいかというと、今の私の問題意識を解決してくれるものだったのです。

医学・健康学２・０は、原因療法と言われています。例えば、ガンになったとします。ガンを切ったり、放射線で焼いたり、抗ガン剤で殺すのは対症療法です。何事もそうですが、何か原因があって、結果として病気になるわけですから、結果を変えたいなら原因を変えるしかないわけです。

ところが、不思議なことに、今の医学や健康学においては、原因追求はなおざりにされています。例えば、航空機が墜落したり船が沈没すると、大体は事故調査委員会というのがつくられて、整備が不良だったのか、部品の欠陥だったのか、人的ミスなのか、徹底的に調べて、原因がわかったら、二度と起こらないように対策を講じていきます。これが通常の手順です。一般の会社でも、何かよからぬことが起こったら同様の手順を踏みます。

ところが、なぜか医学・健康学の分野は、そこをやってないのです。やっているつもりなのかもしれないけれども、本当の原因にたどり着いてない。それは、体の中だけを見ているからです。

体をサーチして、電磁波の影響が強いですね、細菌・ウイルス感染していますね、化学物質が入っていますね、重金属が細胞に沈着していますね、それをデトックスしましょう、あるいは波動的に治療しましょうとやっても、それがどこから入ってきて、なぜ入ってきたのかというところは見えません。

私たちの体は、自然界とか環境と交流して、その影響を多大に受けながら、ホメオスタシス（生体恒常性）で適応しているのに、なぜ本当の原因を調べないのでしょうか。

私が思うに、そのほうが都合がいいのかもしれません。本当に解決してしまったら、患者さんがいなくなるからです。

医学や治療法は年々発達しているはずなので、単純に考えると、病人は減らないといけないし、医療費も減らないといけないのに、なぜ右肩上がりなのでしょうか。病気を治してないからです。治す気がないのかもしれません。

Part Ⅲ

電磁波こそが
現代人の病気の基底！
なのに絶対そこに
目を向けないわけ⁉

Chapter ④ 電力使用量とガンになる人の数は完全に一致する!?

ガンが治る九州のある病院がやっていること

電磁波は体に対する影響力がすごく強いのですが、日本人は電磁波に世界一被曝している民族です。家の中は電化製品だらけです。

電力使用量と、医療費とガンになる人の数が完全に一致していて、これは決して無関係ではないと、ある医学会の先生が言っていました。

日本におけるガンのトップレベルの治療機関は、東大病院とか、がん研有明病院とか、国立がん研究センター中央病院とかですが、そういうところで、もう治癒の見込みがないので緩和ケアに移ることを勧められた患者さんが、まだ若いから、ここで死ぬのは到底諦め切れないということで探しまくって、最後にたどり着く病院が九州にあります。

そこは、東大病院でも治らなかったガン患者さんがどんどん治っていくのです。なぜ治るのか。そこが重視しているのは電磁波なのです。

その病院に行ったら、最初に全員にやってもらうことがあります。それは、ガンの人であろうが、アレルギーの人であろうが、糖尿病の人であろうが、肝臓病の人であろうが、腎臓病の人であろうが、認知症の人であろうが、全ての患者に、寝室の間取り図を描いてもらうことです。

どこにベッドを置いていますか。コンセントはどこにありますか。家電製品はどういうふうにレイアウトしていますか。ベッドにコンセントやライトがついていませんか。スマホを充電しながら枕元に置いて寝てませんか。もしそうだったら、すぐやめて、ベッドの位置を変えてくださいと、生活指導します。なぜなら、電磁波をバンバン浴びながら治療を開始しても、治療効果がないと考えているからです。ところが、ほとんどの人にはそういう認識がありません。

ある新築マンションに住んでいたご家族の電磁波被害

おもしろい話があります。私は電磁波測定士という仕事もしているのですが、その仲間から聞いた話です。ある新築マンションの2階に引っ越したご一家がいました。家族は、ご主人、奥様、未就学の女の子、それとワンちゃんです。そのご一家に、次々と異変が襲いかかったのです。

まず、ワンちゃんの毛がバッサバッサと抜け始めて、さわったらしこりがあるので、これは尋常じゃないということで病院に連れて行ったら、何と悪性リンパ腫で余命3カ月と宣告されました。

女の子は、寝ているときに皮膚をかきむしるぐらいひどいアトピーになりました。

奥様は、あらゆる不定愁訴に見舞われました。2・0ぐらいあった視力が短期間に0・2に落ちて、眠い、だるい、きつい、夜眠れないということで、うつになりました。病院に行ったら、新しいところに引っ越されたストレスだと思うので、気持ちが落ち着くお薬と、眠れるお薬を出しておきますと、お茶を濁されたので、奥様は、絶対にそんなのじゃない、ここに引っ越してきてからおかしくなったんだと言ったけれども、医者は取り合ってくれないわけです。

そこで、奥様は一生懸命ネットで調べて、うちの家族を襲っている症状は電磁波が原因ではないかと思って、家の電磁波環境を調べてくれる測定士に依頼することにしました。

ドイツ製のフィールドメーターという精密な電磁波測定器があって、これは電場と磁場が測定できるのです。電場と磁場が相互に作用して伝播する波のことを電磁波と言っていますが、それぞれ性質が違います。

それをはかったら、ちょっと高めではあったけれども、急速に病気になるほどではなかったので、そのことを奥様に伝えたら、がっくりしていました。「てっきり電磁波だと思ったのに。じゃ何が原因なんでしょうか」とおっしゃったけれども、「私たちは、ほかのことはわからないので、おいとまします」と言って、測定器を片づけて帰ろうとしたら、何と、先ほどの200倍以上の値を示していたのです。

一体何が起こったのかと思って、もう一度家じゅうをはかったら、磁場の安全値は2・5ミリガウス以下なのに50ミリガウスを示していたのです。帰るのをやめて調べ始めたら、こういうことがわかったのです。

マンションには廊下とか玄関とか、みんなが通るパブリックスペースにも電気が来ています。電線がどこかに張りめぐらされていて電力が供給されているわけですが、その電線を束ねた太い幹線が相談者の部屋の床下を通っていたのです。

電場は電圧がかかっているところに発生して、磁場は電流が流れたら発生します。水道の蛇口をひねると水が出るのは、水圧がかかっているからです。それと同じように、電圧という電気の圧力がかかっているので、スイッチをオンすると電流が流れ始めて電気が使えるようになるわけです。

電場を浴びると発症する代表的な疾病はアレルギーです！

電磁波と疾病との関連についての論文は世界中でたくさんありますが、電場を浴びると発症する代表的な疾病はアレルギーです。日本人の3人に1人は何らかのアレルギー症状を持つと言われていますが、そんな国は日本以外どこにもありません。私も子どものころからそうだったのですが、花粉症とか鼻炎とか、アトピーなどの皮膚症状とか、食物アレルギーとか、いろんなアレルギーがあって、アレルギー外来は大繁盛です。

だから、日本に住んでいると、それが当たり前になっていて、これが異常なことだという感覚がなくて、異常なことを異常と気づけないわけです。

なぜ3人に1人がアレルギーになっているのでしょうか。電場にいっぱい被曝しているのが、1つの理由だと思います。

もちろんほかにも理由があって、建材に使われているいろいろな化学物質が、いわゆる化学物質過敏症という形でアレルギーをはじめいろんな症状をまねくのは知られていますが、電磁波過敏症に関しては、まだ公に認定されていないのです。

化学物質過敏症も、昔は気のせいだみたいに言われていたけれども、今では医学的に認められています。でも、電磁波過敏症は、今の医学では正式には認められていません。

電場はアレルギーの原因になりますが、アースをすれば電場は地中に逃げるので、ほぼゼロになります。日本では、冷蔵庫とか洗濯機とか電子レンジとか水回りの家電製品は、濡れた手でさわったら感電する危険があるのでアースすることになっています。でも、居間とかリビングは義務づけられていないので、コンセントの穴は2つです。

でも、海外に行くとコンセントは3つ穴で、1つがアースです。なぜ海外ではアースが義務づけられているかというと、電圧が200ボルトか250ボルトで感電死のリスクが高いからです。電圧が高いと電場の発生量も高くなります。200ボルトだと、日本の2倍、電場が発生しているので、アレルギーも倍になるかというと、アースをしているから結果的にゼロになって、アレルギーは少ないということになります。

建物の構造も関係します。私たちが電磁波測定を依頼してくる人に最初にする質問は、どういう家に住んでいるかということです。大体7割の人は、2階建ての木造住宅に住んでいて、2階に寝ていると答えます。そういう人は、不定愁訴とか眠れないとか不調を感じて、電磁波のせいじゃないかと思って依頼をしてきます。

なぜかというと、木造だと電気を遮らないからです。マンションだと、鉄が中に入っているので、それがアースのかわりになって、電場がかなり減るのです。だから、木造住宅に比べると、マンションに住んでいる人は影響はちょっと少なくて済みます。

先ほどの新築マンションの話に戻ると、夕方になると、パブリックスペースのライトが一斉に点灯します。その電線が2階の床下を通っていたわけです。電流が流れて初めて発生するのが磁場です。磁場は電気を使わないと発生しません。

磁場を防ぐ方法はありません。アースをしても磁場には関係ないし、分厚いコンクリートだろうが、鉄板だろうが、あらゆる物質を貫通します。実際にはかってみたら、そのマンションの床にはものすごい磁場が発生していました。疾病との関係で言うと、磁力線の動きが細胞のDNA損傷を起こして変異細胞であるガン細胞が増えるので、磁場はガンの原因になります。

では、どうしたらいいのでしょうか。空中に浮いて生活するしかありません。そんなことはできないので、もうこんなところには住んでいられないと言って、そのご家族はマンションの販売会社と交渉しました。

普通だったら、日本政府も電力会社も電磁波は大丈夫と言っているじゃないか、言いがかりだと言われるのが落ちですが、いろんなところを高性能の電磁波測定器ではかって、それを写真で撮って、詳細な報告書にまとめて、それを出したら、しぶしぶだったでしょうが、販売会社はカネを返してくれました。

その後、あらかじめ電磁波測定士に床とか壁を測定してもらって、ここなら大丈夫というお墨つきをもらった新しいマンションに移りました。そしたら、残念ながらワンちゃんは亡くなってしまいましたが、女の子のアトピーはあっという間に快方に向かい、奥様の不定愁訴も治りました。

奥様は、「そう言えば、朝とか昼間はまだましだったけど、いつも夕方から気分が落ち込んで、うつっぽくなって何もやる気がしなくて、そのまま夜眠れないという繰り返しだったけど、このせいだったんですね」とおっしゃっていました。

この状況で、何かサプリを飲んだり、治療機械で治療したり、ゴッドハンドの先生に施術してもらったら治るでしょうか？　治りません。なぜなら、環境に原因があるからです。この視点が今の医学にないのです。ＥＱＴラボには医療の専門家が結構来ますが、この話をすると、みんなびっくりされます。

中村健二先生は「ガンは生活環境病である」と言った

最近、すばらしい先生と出会いました。中村健二先生という方です。中村先生は、慶應義塾大学医学部卒業後、世界最高峰の大学の1つと言われているイエール大学の医学部大学院に行かれて公衆衛生学の修士号を取得されて、その後、慶應義塾大学で精神医学の博士号を取得。さらに、医療行政を全部見渡して組み立てる厚生労働省の医療技官を25年間なさった方です。

何と、その方が私どものEQTラボに来てくださったので、EQTの説明をしたら、「これはヤバイね」ということで、すぐに購入されました。今は私たちのコミュニティに入っていただいて、事務所が近いということもあって頻繁に交流しています。

中村先生は、医療の表も裏も闇も、全て知り尽くしている方で、ほとんどの有名ドクターもご存じです。ご専門はガンの統合医療ですが、ガンは生活環境病であるとおっしゃっていました。

Chapter ⑤

これは絶対タブー!? 自殺者2万人と電磁波の関係!?

ガン、うつ病、アレルギー、認知症の原因は、電磁波である!?

体は脳からの微弱電流でコントロールされています。だから、脳波計も心電図も、体の中を流れる微弱電流を計測しているのです。その何億倍もの電磁波にさらされていたら、体の中が狂うのは当たり前です。飛行機に乗ると、計器に支障を及ぼす危険があるのでスマホのスイッチを切ってくださいと言われます。その何万分の1の微弱電流で動いている脳神経系に影響を与えないわけがありません。

うつ病にも電磁波環境が関係しているのは間違いありません。日本では年間100万人以上の方が亡くなりますが、そのうち約2万人は自分で命を断つという憂うべき状態です。

電磁波を浴びると、セロトニンとかドーパミンとかオキシトシンというホルモンが出なくなるのです。すると、精神活動がうまくいかなくなって、うつになってしまうわけです。

極度のうつで、リストカットを何回もして、その都度、救急車で運ばれるという方がいたのですが、調べてみたら、全身、電磁波まみれで、どこに住んでいるのか聞いたら、新幹線の高架下でした。

東大病院でも治らない病気が治るという病院が九州にあるという話を先ほどしましたが、九州のローカルテレビ局で健康番組を毎週30分ぐらいやっていて、その病院の先生がディレクターと知り合いだったので、電磁波の番組をつくりませんかと言ったら、それはいいですねということで、電磁波による健康被害の番組をつくったそうです。

どういう番組かというと、内科医の方が監修しているテレビ番組の取材なので協力してくださいと言って、九州のある町を1軒1軒回るわけです。今は2人に1人がガンになる時代ですから、結構な確率でガン患者さんがいて、それを地図上にマッピングしていきました。そしたら、ガン患者さんがいる家が密集して帯状に伸びていて、何と、その上を高圧線が通っていたのです。もしこれが放送されていたら、画期的な番組になっていたと思います。

私は若いころにテレビ東京の番組とかをつくっていたのでわかりますが、つくったらすぐ放送するわけではありません。まず、テレビ局内で試写して、不適切な表現がないかとか、内容に問題がないかとか、いろいろチェックされます。次に、幹部試写というのがあって、テレビ局の経営幹部がチェックします。さらに、スポンサー試写というのがあって、スポンサーがチェックします。

その番組はどうなったでしょうか。ディレクターが社長から呼び出されて、「おまえ、何という番組をつくったんだ。我が社の大スポンサーは〇〇電力様だぞ。こんな番組を放送したら、うちの亭主がガンになったのはおまえの会社のせいだ、賠償しろという話になる。そんなことも想像できないのか。こんな番組は放送するんじゃない」ということで握り潰されたそうです。これが日本の現状です。

これはよく知られた事実ですが、日本のハイブリッドカーはヨーロッパではそのままでは売れません。なぜなら、向こうの電磁波基準に合致してないからです。数十万円かけてクルマに電磁波対策を施して、初めて輸出できるのです。

ハイブリッドカーは、結構事故が多いのではないかと言われています。北海道で園児の列に突っ込んで何人も死なせた事故があったと思いますが、あれもハイブリッドカーでした。

電磁波を浴びると、集中力、記憶力等々、あらゆる精神活動が衰えるのでボーッとした状態になって、反応速度が遅くなるのです。だから事故が多くなるということは十分考えられます。

みんなこういう事実を知らないのです。

大阪府の門真市は、知る人ぞ知る有名な町で、高圧線の鉄塔が林立していて鉄塔の町と言われています。門真市は白血病が多いことでも知られていて、大阪市の平均発症率の150倍とのことです。でも、メディアは一切報道しないし、行政も電力会社も何も言いません。だから、大阪に住んでいても知らない方が多いです。

電磁波の関連で言うと、電気毛布とかホットカーペットは絶対に使ってはいけません。磁場に関しては対策がなくて、離れるしかないのです。一番危険なのは、体に近いところで使う家電製品です。

全ての病気は、自律神経が関わっている！

電磁波を浴びると、交感神経が過剰緊張して自律神経のバランスが崩れてしまいます。夜、寝ているときはリラックスして副交感神経にスイッチが切りかわって、昼間できたガン細胞とかをリンパ球が処理するのです。

安保徹先生の安保理論によると、自律神経と免疫系の働きはリンクしています。自律神経は、大きく分けると交感神経と副交感神経で、交感神経は一生懸命仕事をしているときに働いて、仕事が終わって、今日もよく頑張ったなということで、好きな音楽を聴いたり、ワンちゃんをなでたり、おいしいご飯を食べると、副交感神経にスイッチが切りかわって、夜になるとぐっすり眠る。どっちがいいとか悪いではなくて、このバランスが大事なのです。

でも、現代人は、交感神経が緊張しっ放しの生活をしているので、体がずっと緊張状態にあるのです。整体師さんが、自分の状態を把握してない人が多すぎると言っていました。ガチガチに凝っているので、「すごい凝ってますね。岩のようです」と言っても、「エッ、そうですか」という感じで全然自覚してない。

先日、ある柔道整復師さんのセミナーに行ったときに中村先生が講演してくださったのですが、全ての病気は自律神経が関わっているとおっしゃっていました。全身をコントロールするのが自律神経で、交感神経と副交感神経がバランスをとりながら私たちの体を支えているのです。

副交感神経と結びついているのがリンパ球、交感神経と結びついているのが顆粒球です。免疫細胞（白血球）は大きく分類すると3種類あって、それぞれ働きが違います。

１つが顆粒球で、好中球、好酸球、好塩基球の3種類がありますが、外から体の中に入ってきて悪さをする異物をやっつけてくれる働きをします。

私たちのご先祖は、野山を走り回ってイノシシを捕まえたりしていました。転んでケガしたり、かまれたりして傷ができると、細菌感染を起こします。昼間は交感神経と結びついた顆粒球が細菌をやっつけてくれるわけです。

リンパ球は、白血球の成分の1つで、B細胞、T細胞、NK細胞などがチームをつくってウイルスなどの病原体やガン細胞などの異物を攻撃します。

もう1つ、何でもムシャムシャ食べてしまう貪食細胞（マクロファージ）というのがあります。

電磁波を浴び続けると、交感神経の緊張状態が抜けません。すると、顆粒球が働き通しになります。何事も過ぎたるは及ばざるがごとしで、顆粒球が増えすぎると弊害が出てきます。それは、正常な細胞まで攻撃し始めることです。代表的なのは、赤血球を攻撃します。すると、血液ドロドロの状態になって、赤血球がグジャグジャにくっついてしまいます。

免疫というのは、自分か自分以外を認識して、自分以外のものを基本的に排除するというシステムです。その三役が、顆粒球、リンパ球、マクロファージです。

交感神経と結びついているのが顆粒球で、大きいサイズの細菌とか寄生虫を攻撃します。

例えば、部屋に賊が入ってきたとします。すると、アーノルド・シュワルツェネッガーみたいな頼もしいガードマンが、機関銃から活性酸素とか酵素を出して賊をバババッと瞬殺します。それは頼もしいのですが、敵がいなくなっても、まだいないかとぶっ放し続けるわけです。すると、壁も床もボロボロになってしまいます。

夜になると、修復部隊がやってきて、片づけをしてくれます。その役割が、副交感神経と結びついた免疫細胞です。

交感神経が緊張しっ放しだと、余計なものまで傷つけてしまうのです。流れ弾がＤＮＡに当たってＤＮＡ損傷を起こすと、ガン細胞が増えます。

普通の人でも、１日に５０００個のガン細胞ができていると言われています。５０００個できても、夜に処理してくれれば、プラマイゼロにリセットされて、次の日は過ごせるけれども、ガンになる方は、１万個も２万個も３万個もガン細胞ができてしまうのです。

なぜそんなにできるのかというと、交感神経が過剰に働き続けて、もういいよと言うのに機関銃をぶっ放し続けるからです。それで正常細胞を傷つけてしまう。

副交感神経にスイッチが入れば、リンパ球の活躍になります。リンパ球は何をするかというと、小さいサイズのものを攻撃します。代表的なのはウイルスですが、ガン細胞も処理してくれます。

Chapter ⑥ なぜ現代人にＥＱＴが緊急に必要なのか!?

ＥＱＴで体幹が一気に整う！

日本人は電磁波を世界一浴びています。こういう生活をしていると、顆粒球が増えすぎて正常細胞を攻撃するので、数万個のガン細胞ができてしまうのです。

それだけではなくて、ガン細胞を処理してくれるリンパ球にスイッチが切りかわらないので、リンパ球があまり働かない。つまり、二重に悪いのです。

日本人は２人に１人がガンになって、３人に１人がガンで亡くなると言われていますけれども、これは電磁波環境と決して無関係ではありません。

こういうことをほとんどの人は認識していません。ただ、電磁波が気になるという方は一定数いて、ＥＱＴ体験会に来られる方の３割ぐらいは、対策をしていますとおっしゃるのですが、シールを貼ったら電磁波の影響が弱くなるというシール系が多いです。

ある整体師さんは、スマホの裏にシールをびっしり貼りつけていました。その方は電磁波に敏感で、スマホがそばにあると、手がビリビリしびれて、そのしびれが取れないとおっしゃるのです。

EQTをかけると、体幹が一気に整います。篠浦伸禎《しのうらのぶさだ》先生という世界的な脳神経外科医の方の見立てによると、自律神経の要は視床下部で、ここで自律神経を通して全身をコントロールしています。

ほとんどの神経は自律神経の支配下にあります。呼吸も、心臓が動くことも、消化吸収も、意識してやっているわけではありません。環境刺激の処理数でいうと意識的に人がやっているのは1秒で40単位ぐらいで、無意識でやっているのは2000万単位ぐらいなので、桁が違います。そこの要が視床下部ですが、全身は微弱電流でコントロールされているので、電磁波に弱いのです。それで、病の原因になるわけです。

EQTをやると、全ての能力開発のベースである体幹が強くなる

体幹が強い人、弱い人がいますが、基本的な原則があって、体にいいものを見たりさわ

ったり、飲んだり食べたりすると、筋力が強くなるので腹に力が入って、全身に力が入ります。逆に、体に悪いものを見たりさわったり、飲んだり食べたりすると、筋力が弱まり、体幹が弱くなってバランスが崩れやすくなります。

ＥＱＴではコブチェックという体幹テストがあります。コブは、古武道の古武です。武道家とかアスリートにとって一番大事なのは体幹なので、体幹を鍛えます。体幹が全てのパフォーマンスの源なのです。

世の中にはいろんな自己啓発とか成功法則とかがありますが、体幹が弱い人がやってもダメなのです。全ての能力のベースが体幹なのです。体幹を鍛えた人が自己啓発とか成功法則をやると、効果を発揮します。あらゆる能力開発のもとになるのが体幹力なのです。

ＥＱＴで体幹が強くなりますと言うと、体幹が強くなると何がいいんですかと、時々聞かれます。体幹が強くなることが、その人の人生、健康状態にいかにダイレクトにつながっているのかわかってないので、体幹の重要性を教育していく必要があると思っています。

体幹の本もいっぱい出ていて、筋トレとか、いろんな鍛え方がありますが、私が一番お勧めなのは、日本古来の武術です。実は日本人は腰と腹の文化で、体幹民族なのです。

東北地方には、1俵60キロの米俵を5俵かついでいる農家の女性の写真が残されています。小柄な、むしろきゃしゃな方です。３００キロですから、オリンピック選手並みです。

これが体幹のなせるわざです。これは観光用に撮影された写真で実際は3俵180キロを担いでいたという説もありますが、それにしても現代人には真似できない芸当です。

昔の日本人は体幹が強かった

昔の日本人は、生活するだけで体幹が鍛えられたのです。和室、正座、和式トイレ、帯をきちんと締める和服も、たすき掛けも、姿勢がよくなって腹に力が入ります。あとは下駄とか草履。靴は、四方八方から足を固めるので体幹が弱くなるのです。

日本人の体幹の強さを恐れたのが、江戸末期に入り込んできた宣教師です。ちなみに宣教師は、ザビエルもそうですが、スパイとして日本に送り込まれてきました。その国を支配する手順は3段階あって、まず宗教から入ってきます。宣教師が先遣隊としてやってきて、キリスト教の教えを広めます。その次にビジネスとして入ってきて、最終的に軍隊が入ってきます。これが西欧列強のやり方で、それで世界を支配してきたわけです。

宣教師が本国に送った報告には、「日本人、恐るべし。小柄できゃしゃなのに、強靱な精神と肉体を持っている。農家の女性が300キロの米俵を運んだり、飛脚が1日に何百キロも走る。よほど栄養のつくものを食べているのかと思ったら、握り飯とたくわんと水と塩だけだ。将来、もし日本人が世界に進出していったら、我々の脅威になるであろう」というようなことが書かれています。それで何とかしようとしたけれども、秀吉とか織田信長は彼らの邪悪な意図を察知して、宣教師たちを追放したのだと思います。

ＧＨＱは、日本人を徹底的に弱体化しようとした

太平洋戦争は、物資の供給ルートを断たれたために最終的には連合国が勝ちましたが、一時期は太平洋一帯を日本軍が管轄に置いていました。もし日本軍が供給ルートを確保していたら、結果は逆になっていたかもしれないという危機感があって、戦後は日本人を徹底的に弱体化するという戦略を練ったのです。

ありとあらゆる学者を呼んできて、日本人が二度と我々に逆らえないように、精神と肉体を破壊して、徹底的に弱くするにはどうしたらいいかということを緻密《ちみつ》に研究しました。それがＧＨＱの施策で、70数年たっても、それが大成功しているわけです。

まず、思想に手を入れて、７０００冊以上、焚書にしました。宗教にも手を入れて神道廃止令とか、代替医療禁止令とか、メディアも全部検閲です。教育にも手を入れて、日本人を徹底的に弱体化させる改造をしていったわけです。

それがまんまと成功して、今はフニャフニャの体幹の人ばかりになってしまって、右往左往、一喜一憂しています。右向け右と言われると全員が右を向き、マスクをしろと言われると全員がマスクをする。自分の頭で考えない民族に成り下がってしまいました。その状態に偶然なったわけではなくて、意図的にさせられてきたのです。それに気づかないとダメです。

体幹が強くなると、中心軸がブレず、意志が実現しやすくなる――究極の心身鍛練法、「肥田式強健術」

体幹が強くなると、どんないいことがあるのでしょうか。

まず、意志が実現しやすくなります。体幹が弱い状態で成功法則とかやってもダメなのです。体幹が強いと、ブレない中心軸ができるので、腰と腹に力が入ります。

私は30代のころに、体幹が大事だと思って、体幹を鍛える肥田式強健術というのを学びました。これは、古今東西、世界一体幹を極めた人と言ってもいい肥田春充《はるみち》氏がつくり上げた、究極の心身鍛練法です。

この鍛錬により、病弱だった肥田氏はわずか2年で体格改造に成功し、体力のみならず頭脳も飛躍的に向上して、３つの大学の４学科を同時に卒業しました。また、一見超能力と思われるような能力も発揮して、透視も自由自在だったそうです。体幹を極めることで、ある種の悟りの境地に達したと言えるでしょう。

いろんな政治家も教えを請いに来て、多大な影響を与えていたと言われています。右翼が十数人押しかけてきて威力行動をしたときは、彼が一喝したら全員腰砕けになって、「申しわけございませんでした」とひれ伏したそうです。

当時、あらゆる武道家や格闘技のチャンピオンが挑戦したのですが、「どこからでもいいですから、かかってきてください」と言って、ピシッと姿勢を決めると、相手は何にもできなくて、「参りました。私の及ぶところではありません」と言ったそうで、一歩踏み出すことすらできない迫力というか、気合いに圧倒されたのだと思います。

今の日本人に、これが必要なのです。今はへなちょこ日本人になってしまった。それは、食べ物だったり、医療だったり、電磁波だったり、いろんな環境もあるでしょう。

日本は、電磁波に関しては基準があってないようなものですが、マイクロ波という携帯電話の電波に関しては基準を設けています。ところが、これがめちゃくちゃ緩くて、一番厳しいオーストリアと比べると１００万倍違う。イタリアは４、中国は６・６で一桁レベルですが、日本の基準値は平方センチメートル当たり１０００マイクロワットなのです。

電磁波が体に悪いなら、どの国の人間でも同じように危険なはずなのに、国によって100万倍も基準が違うのは、その国の政策あるいは思惑によって基準が決められているからです。

ヨーロッパ基準なら、東京23区は人が住めない危険地域だ!?

安全に関する考え方を大きく分けると、予防原則と科学主義というものがあります。

1992年にリオで開催された環境と開発に関する国連会議で、環境あるいは健康にリスクがあると考えられるものは、その危険性が証明されなくても危険だという前提のもとに予防的な対策をとろうという考え方が示されましたが、これが予防原則です。

科学主義というのは、危険性が科学的に証明されていないなら安全と考えていいのではないかという考え方です。どの国がどっちを採用しているか、見極める必要があります。

日本は科学主義で、電磁波も、危険だという論文もあれば危険じゃないという論文もあって、危険性が証明されていないから安全だということにしようという考え方です。

もしヨーロッパの基準を日本に当てはめたら、東京23区は人が住めない地域になります。

ヨーロッパでは住民退去勧告が出るような地域に私たちは住んでいるのです。

自然豊かなピュアな地域からヒーラーさんなどが東京に来ると頭が痛くなって、こんなところにはとてもいられないと言って、早々に立ち去るという話をよく聞きます。

私たちはそれにならされてしまっているのです。

なれているからいいわけではなくて、アレルギーとかガンとか、いろんなかたちで不具合が出ています。病気になるのが当たり前の環境になっているのです。病気になる人のほうが、むしろ正常な反応で、病気にならない人は鈍いと言ってもいいかもしれません。

先ほど述べた整体師さんは、押されたら「ウワーッ、痛い」となるところがあって、そこを押されて痛いと感じたら、「まだ大丈夫ですね。痛みを感じる方のほうが見込みがあります。どんなに押しても痛くない方は、もう死んでいますね」と言われます。

もうそういう状態になっているのです。肩凝りも自覚できない。

電磁波を浴びたら、あらゆる不定愁訴が出るはずなのに、それすら気づかない。自分がどういう状態なのか自覚できないという非常に深刻な状態になっているのが、日本の大多数国民の姿。環境のせいで病気になっているのに、環境のことを顧みない。

現代の家で何と約1キロもの電線が家の中を巡っている!?

先述のとおり、電磁波には電場と磁場というのがあります。

電場は電圧が加わっているところに発生します。

例えば、マンションに引っ越してきて、今日、家具や家電製品が来るはずだったのに、ちょっと手違いがあって明日になってしまったとします。何もすることがないから、今日は布団を敷いて寝るだけだとなっても、電場の被曝は受けています。

なぜなら、屋内配線という形で壁や床を電線が走っているからです。見えないところに配線が敷き詰められている。

標準的な家1棟で一体どれぐらいの電線が家の中を走っていると思いますか。

1980年当時は約170メートルでしたが、今は6倍の約1キロです。

コンセントの数は3倍、分電盤の回路数は4倍です。

要は、電気をいっぱい使うようになったということです。それだけ電磁波の被曝量が増えているわけです。

私の事務所には、環境ストレスの発生源そのものを消すわけではないけれども、波動的に中和するドイツ製の環境調整装置があります。

2002年ごろに、それを1台置いたらどれぐらいまでカバーするかという有効距離をはかったら、直径60メートルでした。ということは、うまくすると中規模のマンション1

棟全部守られるわけです。

ところが、2008年に測ったら、何と30メートルに縮小していました。機械自体は何も変わっていないけれども、有効距離が半分になったわけです。

その後測ったら、18メートルになっていました。これから5Gが出てくると、近くにいないと中和装置が効かないのではないかと思います。

これは何を意味するかというと、環境ストレス中和装置が力不足になるぐらい、環境ストレスが増大しているということです。

中村健二先生も言われていましたが、もう1個のサプリメントとか1つの手技だけで治る段階ではなくて、いろんなものを組み合わせて総力戦でいかないと、病気は治りません。

なぜなら、それぐらい環境ストレスが強くなってきて、病気になりやすく、病気の人は治りにくい環境にどんどんなっているからです。

電磁波で病気になっているのに
手技とかサプリその他の治療法でやってもムダです！

私はプロ向けの電磁波のセミナーも各地でやったことがあります。

この話をすると、いわゆる治療家の方々から、ぜひうちの治療院も見てくれないかと依頼されるので、私は計測器を持って測りに行ったことがあります。

依頼される方は、何らかの悩みがあるわけです。

まず、お客さんがリピートしてくれない。何回か来るけれども、そのうち来なくなると言います。あまり効果を感じないから、来なくなるのでしょう。あと、スタッフが休みがちで、しょっちゅう誰かが風邪を引いて休む。院長も気分がちょっとすぐれない。

それで、測りに行ったら、電磁波がすごいのです。

なぜこんな場所で治療院を開いたのかと思うようなところでした。

また、今は電気治療器とかがセットになった電動の施術ベッドが多いのですが、施術ベッドが電磁波まみれなのです。いくらゴッドハンドを持っている先生でも、この状態では治療の効果に大きくブレーキがかかります。

交感神経がバリバリに緊張してリラックスできないのですから、どんな手技をやっても効果は相殺されます。

報告書をまとめますということで治療院を辞して駅に着いて、今までいたビルを振り返ってみたら、ビルの上に携帯電話のアンテナが8本ぐらい立っていました。

こういうところに治療院を開いても繁盛しないなと思いましたが、治療家も、その視点はほとんどないのです。

電磁波で病気になっているのに、手技とかサプリメントとか治療法でやってもムダなのです。

もとを取り除かないといけない。でも、医学にその視点がほとんどありません。だから治らないわけです。

ジオパシックストレスを知っていますか!?

環境医学という視点が少しずつ出てきましたけれども、私はそれを「場の健康学」と名づけました。

住んでいる場所とか、住まいとか、周辺土地の環境が悪いと不健康になっていくのです。

環境要素は、電磁波だけではなくて何十とあります。

1つだけ挙げると、ジオパシックストレスというのがあります。

ジオは大地とか地球、パシックは苦痛という意味で、大地から体によくない周波数が立ち上がってくるというものです。具体的には、水脈、断層、ジオグリッドなどがあります。

地球は大きな磁石ですから、目には見えませんが、波動測定器ではかると、磁力線が碁盤状に網の目のように走っているのがよくあるのです。それがジオグリッドです。

病気になった方のベッドがどこにあったか調べた文献が海外にあるのですが、例えば乳ガンになった人の場合、ちょうど胸のあたりに水脈が通っていることがわかります。

子どもは大体ジオパシックストレスを避けて寝るので、ベッドの端っこに寝ていたりすると、ベッドの下をジオパシックストレスが走っている可能性があります。

1930年代に、ドイツのある村の特定地域の人たちがどんどんガンになっていくので、ベルリンガンセンターとか地質学とか医学の専門家を集めて原因を究明しようとしました。結論はガン多発の原因は水脈であるということになって、それを町長、警察署長、総合病院の院長、三者連盟の公文書として出しました。これがドイツ全土に知れ渡ることになり、今ではヨーロッパではそういうことが普通に語られるようになっています。

電磁波でさえこの状態なのに、ジオパシックストレスなんて言っても、さらに皆さんは知らないと思います。

水脈と言っても10種類以上あって、中には放射性物質が溶け込んでいる水脈もあって、それは人工衛星からもキャッチできるぐらい放射線を発しています。

ヨーロッパではジオパシックストレスを測定することが職業として成り立っていて、準国家資格を与えられている国もあります。ブラックストリームと呼ばれている水脈上に寝ていると、大体3年以内にガンになることがわかっています。

ほかの水脈と交差する交点に寝ていると、さらに悪くなって、1年以内にガンになるそうです。ドイツでは、そこに入ると住人が次々とガンになる「ガンの家」という概念があります。間取りが各部屋同じ作りで、同じ場所にベッドがあるアパートの住人が全員ガンになるのです。なぜかというと、そこに水脈が走っているからです。でも、こういうことは日本ではまったく知られていません。

ウィーン大学で、九百八十五人かにジオパシックストレスの影響調査をしたことがあります。水脈の上に15分間いてもらって、その前後で心拍数や呼吸数、筋肉電位の変化、免疫グロブリン反応、カルシウム、セロトニンなど16項目のバイタル測定のうち14項目で明らかな変化が認められました。こんなところに寝ていたら、ガンになるのは当たり前でしょう。

私は波動医学をやっているのでわかるのですが、量子力学の父と言われているマックス・プランク博士の「全ての物質は固有の振動数を持っている」という有名な言葉があります。水脈とか断層とか大地から上がってくる周波数の中に、核やミトコンドリアなどの細胞内小器官の周波数を乱す周波数があるのです。だから、細胞レベルでガンになるわけです。

中村健二先生も、臓器が病気になるのではなくて細胞レベルで病気になると言われていましたが、電磁波もジオパシックストレスも、遺伝子に損傷を与えるわけです。この2つは代表的なものですが、重金属とか化学物質とか、もっともっといろいろな環境要因があります。

Chapter ⑦

生命圏を再生しない限り生命は共倒れである！

エネルギーのもとである酸素がすでに激減しているのです！

ここで、空気の問題をお話ししたいと思います。

まだ微量ですが、酸素がだんだん減ってきています。

全ての家電製品は、電気が切れたら動きません。それと同じように体もエネルギーがないと動きません。

私たちはエネルギーで生きているのです。私たちの日常ではお金がないと生きていけませんが、同じように、体の中にもエネルギー通貨というのがあって、それはＡＴＰ（アデノシン三リン酸）というものです。これはリン酸が３つくっついている形をとっていて、この結合を切ると、そこからエネルギーがバーッと出てくるのです。

たとえが悪いけれども、原爆みたいなものです。

超高温高圧で核爆発を起こすわけですが、体温が36度か37度、1気圧で同じような反応が起こります。

一気に核爆発を起こすのではなくて、体内の触媒によって緩やかに起こしていくという、体の絶妙な神仕組みがあるのです。

とにかくＡＴＰがないと生きていけないのです。考える、見る、聞く、五感の働き、消化吸収、免疫、ホルモン、全ての生命活動にＡＴＰが要ります。ＡＴＰという貯金がなくなったら、生命はアウトなのです。

ＡＴＰは細胞の中で作られています。自家発動所が細胞の中にあるのです。主要な発電所がミトコンドリアです。ミトコンドリアの活性が悪くなるとガンになりやすくなります。

ちなみに、何でガンがあるのでしょうか。人間も含めて動物は酸素を吸って生きていくのが当たり前になっているけれども、生命の誕生の初期は、酸素は少なくて、むしろ酸素は毒でした。

酸素なしで生きられる単細胞生物だったのに、あるときから、植物の元祖である藻《も》とか藍藻《らんそう》が二酸化炭素を取り込んで酸素に変えるという仕組みをつくり出したわけです。その酸素からエネルギーを生み出すということをやり出したのがミトコンドリアなのです。

ミトコンドリアというのは、もともとは別の生き物だったのが、細胞の中に入り込んで共生し始めて、エネルギー生産を請け負ってくれるようになったのです。

ただ、発電効率が悪くなると、エネルギーをつくることはつくるけれども、活性酸素まで出し始めます。すると、アポトーシスという自殺のプログラムが起動してミトコンドリアは人生を終えますが、そこが神仕組みで、ミトコンドリアが細胞の外に出ると、たちまち異物として認識されて免疫の攻撃対象になるのです。

だから、それが起こらないように、風呂敷みたいなので包んで溶けていくということをやります。

こういうことを見ると、誰がこんな仕組みを考えたのか不思議です。どう考えても神のみわざとしか思えないことが、体の仕組みにはいっぱいあるわけです。

自分の体のことを知りましょうと、私はいつも言っているのですが、健康を語るなら、体の神仕組みをしっかり知ることが大事です。

ATPをつくるには原材料が必要です。工場で自家発電するには石炭とかが必要ですが、それに当たるのが栄養素です。エネルギーに変わる栄養素は、糖質、脂質、タンパク質の3種類で、これを三大栄養素といいます。ほかにもビタミン、ミネラル、食物繊維があって、これらを含めて六大栄養素といいます。

エネルギーをつくるために三大栄養素を含む食品を食べて、それを代謝して、最小レベルに分解して消化吸収するわけですが、三大栄養素だけ入ってきても、ＡＴＰという生命通貨はチョロチョロとしかつくれないのです。解糖系という回路で糖を分解するのですが、差し引き2分子しかできません。

でも、酸素があると、ミトコンドリアが電子伝達系という別の回路を発動させて、24分子という桁違いのエネルギーをつくるのです。ということは、酸素がないと電力不足に陥ってしまうわけです。だから、貧血は酸素が足りなくなるわけですから、全身でエネルギー産生効率が低下する、とてもやばい病気なのです。材料が足りなくて貧血になっている人は鉄剤を飲んだりレバーを食べればいいけれども、つくるところが問題の場合もあります。ＡＴＰをつくるには酸素が必要だということは、呼吸が大事なのです。

呼吸が大事　呼吸法はあらゆる武道の最奥義

実は僕は神道系の息吹呼吸法の教室もやっています。

先ほど「神は息なり、息は神なり」と言いましたが、呼吸法があらゆる武道の最奥義の部分なのです。

そういう観点で多くの方を見ていると、ほとんどの方は肺の上のほうで浅く呼吸していて、腹の底から腹式呼吸なんかしてません。

だから、本当に酸素が取り込めてないのです。

さらに悪いことに、今、口の周りに布をくっつけている人がいます。

あれは呼吸ができなくなって、酸素の供給量が減るので、ますます病気になります。

中村健二先生も、セミナーに来た人がマスクをしていると、「マスクなんかやめてください。病気になりますよ」と言われてましたが、マスクをしろと言うのはわざわざ病気にさせるためなのでしょう。

ウイルスには生き延びる期間があって、一定期間たつと不活化します。人間で言うと、死んでしまう。空中だと1時間ぐらい、モノについたら1日ぐらい生き延びます。一番生き延びる場所はマスクの中で、7日間生きてます。マスクをするのは、ウイルスを培養しているようなものです。

ちゃんと情報を取れない人が多すぎます。私はメディアにいたことがあるからわかりますが、メディアはもともとはプロパガンダのためにつくられた機関なのです。

100年ほど前にアメリカのエドワード・バーネイズさんという人が『プロパガンダ』という本を出して、「アメリカの真の支配者は大統領ではない。大統領を大統領にした人である。そして、重要なのは情報を操ることで、自分が決めたと思い込ませて国民を誘導するのが一番大事だ」というようなことを書いています。

メディアは、カット割りや、映すところと映さないところなどを使って印象操作しているのです。

局アナに友人がいる人から聞いた話ですが、「今、全国でアナウンサーが大量にやめています。私が知っているだけで150人やめました。ウソをつき続ける良心の呵責《かしやく》に耐えられなくなったからです。今までは給料のうちと思って、ウクライナの件も、コロナの件も、ウソとわかっていても我慢してやっていたけれども、もう耐えられなくなったのです」とおっしゃってました。

日本は電圧を200ボルトにすれば病気は激減します！

なぜ日本は電圧100ボルトの国なのでしょうか。海外では200ボルト以上がスタンダードです。

これを200ボルトに変更すると、インフラを変えないといけないので一時的には巨額のお金がかかりますが、実は一石三鳥なのです。

まず、電場の発生量が2倍になります。アレルギーは電場の影響があるので、悪いのではないかと思うかもしれませんが、200ボルトになるとアースが義務づけられるので、結果的に電場はほぼゼロになりますので、結果的にアレルギーも相当減ると考えられます。

次に、磁場の発生量は2分の1になります。磁場と関係があると考えられているのはガンなので、ガンになる人が半分になるとは言いませんが、かなり少なくなるのではないかと思います。

さらにいいことがあります。電気代が安くなるのです。

電気代は、流れた電流の量に対して払っています。単純に言うと2分の1になるわけですが、送電効率というのがあって、高圧のほうが途中で熱などで失われる分が少なくなるので、大体4分の1になると言われています。つまり、電気代が4分の1になるのです。

では、何で200ボルトにしないのでしょうか。

やったら困る人たちがいるからです。まず、今、日本に30数基ある原発が1基も要らなくなります。

今、電気が足りないので原発が必要ですというキャンペーンをやっていますが、それが通用しなくなるので、原子力利権に群がる人たちは絶対に200ボルトにはしません。そもそも原子力発電は、某国の命令でやっているのです。

さらに、200ボルトにすると、病気が激減します。

そうすると、製薬会社とか医療関係者はメシを食っていけなくなります。

そういう大人の事情によって、日本人は電磁波の被曝を世界一受け続けさせられ、せっせっせとアレルギーになり、薬漬けになり、自殺者が増え続けるのです。

こんな世の中でいいのでしょうか。

そろそろ目覚めないとダメでしょう、もう言いなりではダメでしょう。

社会のことだからしようがないよね、で済ましてはいけません。何でこうなっているのか、多くの人が真実を知ることが大事です。

Chapter ⑧

ＥＱＴは、13次元の意志から生まれたものである!?

どんなよい健康グッズも生命の絶滅までは救えない！

医学・健康学1・0が対症療法、2・0が原因療法、3・0が、私が提唱している場の健康学（環境健康学）です。

場の健康学で言っているのは、全体の健康なくして個の健康なしということです。地球環境、地球生命圏が病んでいるのに、その中で個人の健康はあり得ません。

ただ、そこにも弱点があります。理念はいいかもしれないけれども、では、どうしたらいいのかという手段がなかった。

いい健康グッズを紹介してきて、個人の健康にとっては確かにすごくいいけれども、地球はよくならないので、生物が絶滅している現状は何も変わらないわけです。

ＥＱＴは、地球環境を再生させて、生きとし生けるものを本来の姿に戻していくという意志、13次元の意志から開発されたものです。

この時期にＥＱＴがあらわれたのは、ある意味、必然で、このままだと、あと数十年ぐらいで人類は滅びてしまうだろうという危機感がありました。

ＥＱＴで、仕事がうまくいくようになったとか、人間関係がうまくいくようになったとか、健康になったということはもちろんあるので、そういうパーソナルユースでも使っていただきたいのですが、ＥＱＴの力はそんなものではないと私は思っています。

ＥＱＴによって、意識がどんどん変わって、あらゆるものが最適化されます。アプリで撮影してモノが最適化されるということももちろんありますが、仕事、お金、人間関係、自分の人生そのものが最適化されるのです。

では、何に向かって最適化されるのでしょうか。次元によって最適の意味が違います。13次元の神の次元で、全ての生きとし生けるもの、全宇宙が絶妙なる調整をして、本来のお役に沿った働きをするようになるわけです。そうならなければ、人類は滅びます。それをやってくれるのが、ＥＱＴです。

ただ、多くの方は、まだそのポテンシャルに気づいていません。

自分の健康や、ワンちゃんや猫ちゃんのためにというところから入るけれども、それは私に言わせると三輪車レベルです。この三輪車、動くよ、すごいねと言って、みんな感動しているわけです。

本当はスーパーカーで、時速400キロ出せるのです。もしかしたら宇宙まで飛んでいけるようなポテンシャルがあるけれども、まず三輪車から入っていただいても構いません。いろんなものが整っていく、すごいじゃんという感覚、そこから意識が変わっていきます。人類だけじゃないということです。

人類が生きられているのは誰のおかげかというと、全ての生きとし生けるもの、地球環境、地球そのもののおかげなのです。なのに、自分一人がやってきたような顔をしています。

先住民の人たちは、現代人は本当に愚かだと言っています。アメリカは、一時期、世界の警察官だと自称して正義を語っていましたが、実は侵略者で、イギリスから来た開拓団が、もともと住んでいた先住民を抑圧したり殺して土地を奪った歴史があります。

その後、和解するのですが、そのとき百数十部族の代表の酋長シアトルが語った言葉が『ブラザー イーグル、シスター スカイ――酋長シアトルからのメッセージ』という絵本になっています。

酋長シアトルは、「白い人よ、あなたたちの考えはわからない。なぜ私たちの母なる大地、そこから全ての命が生まれてくる大地に線を引いて、これは俺のものだとか我が国のものだとか言うのか。また、父なる空を自分のものだと言うのか」と語っています。

縄文時代の人たちは、もともと所有の概念がなかったのです。自然のものは誰のものでもないわけです。あのイノシシは俺のものだと言って名前を書いておくわけにはいかないし、生えている木は切った人のものだし、所有権なんてなかった。でも、今では人のものと自分のものは全部分かれていて、所有が当たり前になっています。

私たちは、誰のものでもない地球、誰のものでもない生きとし生けるものとの関係性をもう一度見直さないといけないのです。今、人類はみんなで滅亡の崖に向かって行進しているのですが、それすら気づかないという末期的症状です。

EQTを使うのはいろんな意味があって、もちろんパーソナルユースで使われてもすごいものですが、最終的には意識を進化させて、ほかの生き物のことも考えましょうということです。

EQTの開発者が特に強調しているのは、「我良しはいかぬ」ということです。「我良し」というのは、他人がどうなろうと知ったこっちゃない、むしろ他人を蹴落として自分さえ成功すればいいという考え方です。

実は人類自体が我良しなのです。だって、ほかの生き物のことを全然知らないわけです。

私は自然に関心を持っていて、大事に思っていますと言うのに、地球上に何種類の生き物がいるかご存じですかと聞くと、知っている人はほとんどいません。

相手のことを大事だと思ったら、どういう人なのか、趣味は何なのか、どういう生い立ちなのか、どういう食事が好みなのか、もっと知りたいはずです。知ろうとしないのは、関心がないということです。

分類の仕方によって違いますが、今、地球上には、未知のものも含めて500万から3000万種類の生物がいると言われていますが、既知のものは約175万種類です。哺乳類が6000種類、鳥が9000種類です。ところが、昆虫は95万種類もいます。実は地球は虫の星なのです。その虫が、恐ろしい勢いでいなくなっています。虫がいなくなると、植物が消えてしまうのです。なぜなら、植物の受粉を昆虫がやってくれているからです。植物が消えたら、人間は絶滅します。こういうことを何で知ろうとしないのでしょうか。

EQTは人間だけでなく、地球全体、生きとし生けるものを救う！

私はペットサインや場の健康学をやってきましたが、環境を語らずして健康を語ることはできないし、全体の健康なくして個の健康はないのです。

最終的に全部自分に降りかかってきます。

酋長シアトルは「自然に対してやった所業は全て自分に返ってくる」と言っています。

今、ガンやアレルギーを含めて、あらゆる病という形で返ってきています。これがブーメランだということに気づかないのです。

「人はお金を稼ぐために健康を犠牲にしてせっせと働き、そのせいで病気になったら、健康を取り戻すためにお金を使う。何というナンセンスだ」というダライ・ラマ14世の有名な言葉があります。

ＥＱＴがなぜいいのかというと、人間だけではなくて、地球全体、生きとし生けるもの全てのことを考えるというビジョンがあるからです。ＥＱＴは、地球を再生させるという目的で、13次元からこの世にもたらされたものなのです。

全ての生きとし生けるものをないがしろにし、足蹴にし、殺しまくり、絶滅させまくっているツケは、大きく人間に返ってきます。

この世のものは全て、誰かが意志を発したから形になっているのです。

宇宙もそうです。いろんな階層の意志がありますが、宇宙の創造意志があるのです。

誰がこの宇宙をつくったかというのは、神様だと呼びたければ神様と呼べばいいし、サムシンググレートと呼びたければサムシンググレートと呼べばいいけれども、創造意志が働いています。

神道では、天之御中主神《あめのみなかぬしのかみ》と呼んでいます。科学的には、ビッグバンの最初の1点から全ての宇宙が広がってきたというのが定説です。

創造意志に沿った生き方をするのが、最大の成功法則であり、最大の健康法です。創造意志に逆らったらダメなのです。

川の流れに逆らって反対方向に一生懸命船をこいでも、どうせ押し流されます。

宇宙の創造意志は調和を求めています。

人間だけが栄えればいいというのは創造意志ではありません。生きとし生けるもの全てが調和し栄える。人間は、このすばらしい地球を壊していっています。

これは宇宙の創造意志に背くことなので、こういう生き物は絶対に生き残れません。淘汰されるに決まっています。

時、すでに遅しの感はありますけれども、今から心を入れかえて、全ての生きとし生けるものを大事にする。

まずは自分の身近の犬猫から、そして、自然界の生き物とともに栄える。むしろ人間は後ろに退いて、彼らが再生し、健康になって栄えるように、幸せになるように考える。

人間は、ホモサピエンスと自称していますが、ホモサピエンスというのは賢い人という意味です。人間のどこが賢いのか。最も愚かなのが人間ではないでしょうか。

また、万物の霊長と、のたもうています。どこが全て霊の長《おさ》ですか。こんなにほかの生き物を絶滅しまくり、愚かとしか言いようがないと、ほかの生き物は言いたいでしょう。人類は最大の害獣です。

この路線上に何も解決策はないし、自分さえよければいいという延長線に、幸せも、健康も、成功もないのです。それに気づかせてくれるのが、ＥＱＴというすばらしいツールなのです。

Part IV

地球に必要なものは、
全て空間から取り出せる
——その地平を目指して
進むのです！

miro9×田村和広

時・2023年1月16日（月）

Chapter ⑨

ファインチューニングとは森羅万象の根源「万象源力」のことである！

地球という船が沈もうとしているのにタイタニックの医学をやっていてどうするのか⁉

田村　最初に、ＥＱＴと出会ったときの衝撃とか、ＥＱＴに対する私の思いを少しお話しさせていただきたいと思います。

miro9　ぜひ聞きたいです。

田村　これまで私がやってきたことを振り返ると、人生、何一つムダはないというか、最終的にはあるところに大河のように流れ込んでいくんじゃないか。

そういう感覚は、ある年齢になると、たぶん芽生えてくると思うんです。

若いころは、自分は一体どこへ向かっているのか、何をやろうとしているのか、五里霧中、右往左往みたいな感じで、こっちじゃなかったのかなとか、こんなはずじゃなかったなと思ってやっていたことが、今になると全て役に立っていて、このためにやってきたのかという感覚があります。

miro9　さすが先生ですね。全てがつながったと。

私は、あれはやはりムダだったなとか、やらなきゃよかったなと思うことがたまにありますね。

田村　ＥＱＴのためにやってきたのかと思えるぐらい、今までやってきたことが全部バシッとはまっていく感覚があるわけです。

全ての生き物、環境をすごく探求していく中で、まずは動物との出会いがありました。

これもちょっと神様のいたずらみたいなところがあって、ペットは飼えない社宅住まいだったのに、亀の餌を買いに行ったペットショップのくじで犬が当たってしまったんです。

父親がヒヨコとか犬とか鳥とかを飼っていて、子どものころから動物に囲まれて暮らしていたんですが、大人になると、なかなか飼えないという環境もあり、自分が動物好きだったことも忘れて仕事に埋没していたんですが、ひょんなことから犬を飼うことになってしまった。どう考えても、これは導かれたんじゃないかと。

miro9　ちなみに、何という犬だったんですか。

田村　コーギーという足の短い犬です。もともとは牛のかかとをかんで誘導する犬なので、ちゃんとしつけないと猛犬になって、吠えるわ、かむわ、大変なんですね。

その後で、事情が変わって飼えることになったので、慌てて「子犬の飼い方」という本を買って、本のとおりにしたら、さらに手がつけられなくなって、家族中、毎日のようにかまれる血みどろの修羅場と化してしまったんです。

何とかならないかと思って勉強を始めて、いろんなものに出会い、学びを深めていって、動物とのコミュニケーションを極めていく中で、その犬は最終的にはグランドアジリティーチャンピオンになったんです。

アジリティーというのは馬術競技の犬版みたいなもので、世界大会もあります。

結局、困った体験があったから、それを克服する過程で成長できていったのだと思います。

そうやって動物のことを学んでいくうちに、犬や猫の健康問題に行き当たったんですね。今、人の世界でも2人に1人がガンになると言われていますが、犬猫もそうなんです。

miro9　人間の病気がそのまま動物にもという話をよく聞きますけれども、本当なんですか。

田村　まったくそうなんです。飼い主の心身の健康状態が犬や猫にそのまま反映してしまうところがあるのと、あとは飼っている環境ですね。そういうことを勉強していくうちに、環境問題に関心を持ちました。

私は「コンテクスト健康学」とか、勝手にいろいろつくってしまっているんです。

miro9　そういうキャッチというかコンセプトを、一言でズバッとネーミングをつけて出すというのがすばらしいですね。

田村　「タイタニックの医学」というのもそうですが、何かの仕組みとか理を探求して、それを1つのコンセプトにしてネーミングするのが得意というか、好きなんでしょうね。

シールを貼ったりペンダントつけたりで自分だけを守っても根本的な解決にはならない！

田村　私は、「医学・健康学1・0」から「4・0」まで考えているんですね。

「1・0」は、いわゆる対症療法で、例えば、熱が出たら解熱剤で熱を下げる、痛みがあったら鎮痛剤で痛みを抑えるというふうに、その場しのぎというか、出ている症状を抑えましょうということで発達していった医学で、今はこれが主流を占めています。

でも、これでは治らない。

私自身はドクターではないんですが、なぜかドクターに囲まれる生活をしていてかわいがられて、ドクターの勉強会とかに誘われることが多かったんですが、懇親会になると、医者が「やってられねえな」みたいな感じで愚痴を言うんです。

できるだけ患者さんのことを考えて、この場合はこの薬は必要ないなとか、処方しても半分でいいよとか言うと、医療保険の審査会みたいなところから、この病気ではこの薬を使わなきゃいけないのに、なぜ使わないんですかとか、この量の薬を処方しなきゃいけないのに、なぜしないんですかと、クレームが入る。

要は、国が決めたとおりの医療をしないとやっていけない。そういうことを聞くと、何だ、この医療はというふうに思ったわけです。

そこから、原因療法というのがあるということを知りました。

対症療法ではなくて、病気になっている原因を探って治す医療ですが、たまたま原因療法をやっている獣医師のサポートをすることになったんです。

獣医師が定期的に診療する場所は動物病院でなければならないんですが、実は山口県にある自宅が動物病院として登録してあったので、そこで動物を10年間見てきて、ほかの病院で余命宣告された末期ガンの犬や猫がどんどん治っていくのを目《ま》の当たりにしたわけです。

その獣医師は、なぜガンになっているかという理由を波動医学で探って、それに対処するようなことをされていたんですね。

ただ、それでも治らないケースがあるということを目の当たりにして、原因を突き止めたのになぜ治らないのかという、次の疑問が出てきました。

見ていくと、原因と言っても、例えば飼い主さんが持っている病原菌だったり、電磁波だったり、お家の中に限られた原因なんですね。

原因の原因があり、そのまた原因、そのまた原因があるわけですが、川の下流から中流ぐらいまではさかのぼって何とかしているけれども、上流まではさかのぼれない。

対症療法というのは、例えば川の下流がヘドロで真っ黒になっていたら、「川が汚れた病」とか病名をつけて、この薬を入れたら川がきれいになりますよとやるけれども、川が汚れた原因はわからない。

上流で悪徳業者が汚水を流しているかもしれないので、本当に解決しようと思ったら原因を突き止めてやめさせなきゃいけないのに、そこまでさかのぼらないで、事象があらわれている下流だけに着目して治療するわけです。

原因療法になると、中流ぐらいまでさかのぼる。それでも治らないのはなぜか、まだカバーできていない視点、見過ごされている視点かあるんじゃないかと探っていくと、最終的には地球環境まで行き着くということに気がついたんです。

それで、原因療法が「医学・健康学2・0」とすると、「医学・健康学3・0」というのを提唱して、それが「場の健康学」です。

「場」というのは「場所」という意味ですから、お家の中の環境とか、地域とか周辺の環境です。

でも、「場の健康学」にも弱点があって、空気とか水とか電磁波は大いに病気の原因になっていることはわかったけれども、それに対処する方法がすごく限られているんです。浄水器や空気清浄機をつけて家の中の水や空気をよくすることはできるけれども、外はそのままなんです。

電磁波にしても、シールを貼ったりペンダントをつければ自分は守られるかもしれないけれども、外からは入り放題なわけで、そこは何の対処もできないということで、非常に歯がゆい思いをしていました。

外の、もとの発生源に対してアプローチができる！
それは、今、ＥＱＴだけです!!

田村　そういう中でＥＱＴに出会って、これはとんでもないことができるということがわかりました。要は、外からやってくる発生源に対して何かができる。

波動機器も、今までは全て個人を対象にしていて、波動が乱れているから整えましょうというのはたくさんありましたが、もとの発生源に対しては何にもアプローチしないわけです。

私はそれを「本能寺の波動医学」と名づけました。周りが燃えているのに、「大丈夫です。この波動機器でやけどを元に戻します」と言っている。こういうのを焼け石に水と言うんです。

もとの発生源に対してアプローチして地球を癒すことができるＥＱＴに出会って、我が意を得たりと、水を得た魚のように飛びついたわけです。

この間も、みんなで集まってＥＱＴ遠足みたいなのをやったんですけれども、まあ楽しかったですよ。

ｍｉｒｏ９　何人ぐらい集まったんですか。

田村　30人あまりですが、福岡から来られた方もいて、２時間ぐらいの間に１３８９件ＥＱＴをやりました。元厚生労働省キャリア官僚の中村健二先生も来られて、やり方がわからないとおっしゃるのでお教えしたら、一生懸命やられて、第１位の成績を上げられました。これは定期的にやりたいと思っています。

1人だとテンションが上がらないこともありますが、目的のもとに集まって、ゲーム性、競技性を持たせて、チームごとに点を競わせる。

LINEグループをつくって、「うちのチームはこれぐらいやってます」、「じゃ、うちも負けないように頑張ろう」みたいな感じでやって最終集計して、どのチームが優勝か決めるわけです。こんなに楽しいものだということを発見できたし、参加された方もすごく喜ばれていました。

EQTを開発した動機・意図（miro9）

田村　私どもは我が意を得たりというものに出会ったわけですが、miro9さんがEQTを開発された動機あるいは意図というものを、ぜひお聞かせ願えたらと思います。

miro9　今、先生が、我が意を得たり、水を得た魚ということで、今までやってきたことが全部焦点が合ったと言われたのはうれしい限りです。

近いうちにそういう方が1人、2人、3人と増えていくだろう、必ず縁があるはずだからと、そういう方々との出会いを予期して取り組んできたことでもあるので感慨無量です。

私はEQTを今なぜやっているのか、どうしてここに至ってしまったのかというご質問にダイレクトに答えるとすれば、こういう角度で、こういうアプローチで、これは一体何なんだ、中身はどうなっているのという動機がしっかりあるわけです。

私は1960年代の生まれですから、あと数年たつと還暦に至るんですね。今、先生はおいくつでしたっけ。

田村　62歳です。

miro9　我が人生を振り返ると、20歳から30歳という期間は、一言で言うと、宇宙、大銀河、我が銀河、我が太陽系、我が地球、そして、我が地球にある一切合財の自然・生命現象、生きとし生けるものが何でこういうふうになってしまっているのかということを、「なんで？　なんで？」と熱心に探求する期間で、それが趣味だったんです。

趣味が高じると、必ずマニアになるんです。今、振り返ると、非常にマニアとなって、この自然、この生命という現象は、なぜこうなっているのか、その根本的メカニズムを知りたい。枝葉末節というよりは、ざっくりと、何でこうなのかという非常に素朴な疑問に取り組んでいました。

とにかく不思議。もっと言うと、すばらしい。こんなにうまくできているのはすごすぎる。

というわけで、いろんなことを浅く広く勉強し出しました。

私は20歳まで勉強したことがなくて、世の中一般で言うポピュラーな学問とか、大学とか、何かを専門的に掘り進めるということはせず、学業放棄の人生を生きてきました。

だけど、突然20歳以降、やはり勉強しないといけないとなって、いろんな出会いを求めて、西回り、東回り、広く浅くやりましたが、それを世の中一般では哲学と言うのかなと思います。

私のターゲットは、自然現象、生命現象というのは、なぜこんなにすごいのだろうということです。

その探求とともに、自然、生命現象はこんなにもすごいはずなのに、なぜ人の世はこんなに乱れているのだろうか。現実はひどいもので、理想が理想になってない。とても辛辣で残酷なことばかりが起きている。

でも、私がつかんだ浅く広い情報によれば、生命現象というのは、基本、楽しくなるようになっていて、生存・繁殖は進化発展という方向に向けてしか作用機序が働いていない。だから、相乗効果を得て、どんどんよくなっていくというのが本来のメカニズムであろうに、現状はそうではない。

それはなぜなのかという疑問が湧いてきました。これが20歳から30歳です。

30歳を過ぎたころ、ファインチューニングという言葉を愛していらっしゃる、少数の物理学の先端の学者の方々との出会いがありました。何とすばらしく微調整された宇宙、そして生命現象。

私はどちらかというと神道的な神観でしたから、いわゆる西洋的な聖書ベースの、一者なる神が全部をおつくりになったというのは果たして本当かなと疑問に思いつつあった時期だったので、創造論をひけらかす先生方の言う創造の神のわざではなくて、仕組みを微調整してバランスをとっているというのが一番根本にあるというところに魅了されたのです。

物理学の先端では、我々の眼前の自然界にはさまざまな作用機序、つまり、いろんな力があって、それを物理乗数とか定数であらわすわけです。

一番有名なのは万有引力の乗数・定数です。いろんな乗数・定数が独立しているのですが、結局、全て絡み合っているんです。

つまるところ、物理学の先端では、全ての力を根本まで突き詰めていくと、最後は4つの力、強い力、弱い力、電磁気力、重力になる。

強い力、弱い力、電磁気力の3つはすでに統一理論として統合されているのですが、重力だけがまだ統合できていなくて、これさえ統一できれば、大統一理論が本当の意味で完成して、神の創造の基準、つまり、神が創造した理論を人類がようやくわかることになるわけです。

だから、早く4つの力が統合されるべきだ。でも、今までの考えではダメなので、例えば、ひも理論とか、超ひも理論とか、膜理論とか、並行宇宙理論とか、多次元・異次元の重なりがどうなっているのかとか、多くの物理学者たちがいろんなアイデアを凝らしてやっているのですがいまだ重力は本当の意味で統合できてない。そういうことに躍起になっている先生方がいらっしゃるんです。

私は、それはそれで関心はあるけれども、その前に、この自然現象全体がバランスがとれているじゃないか。

4つの力とは言っているが、その4つの力を統合している根本がある。これをファインチューニングと、一部の先生方が言っているわけです。

多勢に無勢なんでしょうが、全体のバランスをとるべく、最適化に向けて常時断続的に働き続ける根本がある。この根本がなければ、そもそもがない。

それがいわゆるインフレーション宇宙、そしてビッグバンとして始まり、膨張し続けている宇宙。つながるようでつながらないようでよくわからないけれども、私が魅了されたのは、ファインチューニングしている力が最も根源だということです。

そのころ、おもしろいエピソードがあるんです。これは書かなくていいですよ（笑）。当時おつき合いしていた女性がいたんですが、彼女の夢にひげのおじいさんが出てきて、「この男性は一体どうしたいのか知りたかろう」と言うので、「はい、知りたいです」と言ったら、そのおじいさんが彼女の背中に「源根」と書いたそうです。日本語では「根源」とは言うけれども、「源根」とは言わないので、根源じゃないのかと彼女が聞いたら、やはり源根と言っていて、そのおじいさんが言うには、「それがこの男の正体だ」と。

しばらくして、またおじいさんが夢に出てきて、「あなたはこの男と別れないといけない。この男は行かなければいけないところがあるので、捕まえていてはいけない」と言ったそうです。それが彼女と別れるきっかけになったんです（笑）。

とにかく、根源を訪ね求め、探求し続ける。そのマニアとなっていた時期がありました。

万象源力をスマホのアプリで稼働させるまでの苦闘！

ファインチューニングということに魅入られてしまっていたんですが、これを英語で言うのはしゃくにさわる。この辺がちょっと神道的なんですね。

やがては西洋の宗教観とバーサス関係になる立ち位置ですから、それを克服していく上でも日本語が必要だと。

で、いろいろ考えて、熟語として「万象源力」と名づけました。見えると見えざるとにかかわらず、森羅万象の根本となっている力がある。

それを宗教チックに言ってしまえば、神の愛とか、真《まこと》の愛とか言うことになるんですが、私の生まれ育った時代、現代は科学ありきだったし、アプローチが科学的でないと勘違いされる分野でもありますから、私は「万象源力」と名づけたわけです。これは私の造語なので、まだ辞書に載ってないはずですが、これがファインチューニングしている力である。

森羅万象というのは、何億種あるのか、何兆種あるのかわからない。まさに多種多様。生きとし生ける一切合財。微生物に草木に獣に虫、動物、そして人間。この一個一個が全部自律的で個性が際立っているのに、関連し合っているわけです。

リレーションしていて、それが調和してないとダメになっていく。この仕組みは一体何なのかということに魅入られた人生だったと言えます。

何となく、こうなんだろうな、ああなんだろうなと、大体のことはわかってきたんですが、ここで人生、2つに大きく分かれると思うんです。

私は趣味が高じてマニアになりましたから、本でも書いて、講演でも張って、この話に

「この指とまれ」とやって、集まってくる人たちを5000人、1万人抱えてワチャワチャしてという人生も考えました。

真面目になってしまって、万象源力を地で行って人生に取り込むのか、客観的にそういうのがあるからすごいと言ってひけらかすのか、40歳から、そういうせめぎ合いがちょっとありました。

このときはあまりにもストレスになって、実際に円形脱毛症になったんです。あれは衝撃でしたね。いろいろありましたが、最後は、地で行こうと決めました。私の人生は万象源力で行こうと。

そんな中、世界の潮流はWindows95から、手軽に持ち運べるノートパソコン、2010年以降はスマホということで手のひらにパソコン相当のデバイスが載るようになり、インターネット、パケット通信と、時代はデジタルに完全にかじを切っていくわけです。なので、この万象源力をどうアプローチして、どう知らしめ、どうマーケットにしていくのかということが悩みでもありました。

実は、見えない世界を探求するきっかけの1つにもなっていたんですけれども、私がさわると痛みが取れるとか、気功が多少できたんです。

田村　別に修得したわけではなくて、自然にできたんですか。

miro9　修得なんかしてません。私は由美かおるさんのファンだったんですが、彼女は西野流呼吸法の広告塔もされていたので、ちょっとそういうものを学ぶきっかけにはなりました。

伝統的な中国気功にさかのぼることはなかったのですが、関心があったので、万象源力、ファインチューニングする力、これに私が人間としてダイレクトにひもづいて、ハーッと気功のようにしたら、癒されたり、体幹が整うというのをひけらかしながらやっていくのも一理あるかなと考えました。ただ、残念ながら、それはできないなと思ったんです。

というのも、それをした瞬間に、スピリチュアルとか、オカルトチックとか、何とか霊能とか、いわゆるセラピー、ヒーリング、施術等々、こういうカテゴリーに入ってしまうんですね。「あなたは気功師ですね」と言われて、圧倒的多数の大衆が治療してくれと集まってくる。でも、それではやってもやっても追いつかない。逆に言うと、やればやるほど依存者が出てくる。

私はリアリティーが好きなんでしょうね。

人それぞれ、能力にはピンキリあると思いますが、見えない世界、つまり、心を前提に関わろうというふうに哲学としてたどり着いてしまったので、どちらか一方にカテゴライズされて、こっちが多勢でこっちが無勢というのは許せない、私はこの多勢に無勢という地図を変えたいという気持ちがあるんです。

こういった気功のようなものは本来誰でもできるのが当たり前なんです、なのでそれができていない人たちに、「何で、あなたはまだできてないんですか？」と平気で言える分布にならないものかなというのもあったので、気功でデビューすることはちょっとできない。何かブレーキがかかっているんです。気功師としてお金を取って先生と呼ばれるのはやぶさかじゃないけれども、何か気分がすぐれない。

「アプリにせい」と降りてきた⁉　万象源力と量子的につながるには⁉

miro9　そうこうしていたら、IT全盛時代になったので、これがアプリになったらいいなと、本気で思いだしたんです。

田村　それはいつごろの話ですか。

miro9　2010年を越えてからです。実はそのときも示唆がちょっとあって、忘れもしない2009年1月6日、夢に変な人が出てきて「携帯電話のようなものがあって、それによって真理が全て明らかになってしまう」と言われたんですが、何で真理が全て明らかになるのか、わけがわからない。飛躍しすぎていますよね。日本ではまだガラケーが多くて、スマホが普及し始めたころの話です。

携帯電話を通して何か情報が流布されて、多くの人たちがそれを知って、その結果と言うならわかるけれども、情報、イコール、真理とまでは行かないから、それで全ての真理に到達することはあり得ない。ただ、何かの示唆だということはわかりました。

それがきっかけで、２００９年ごろから携帯電話に関わる仕事を始めました。

ガラケーを近づけると、接触しなくてもピピッと信号を送って、その指示によって中のアプリが起動するというのが始まっていたので、その販売をやることにしました。今のＳｕｉｃａと同じです。

何か携帯に関わることをやっていれば、この示唆が具体的に何なのかが必ずわかるはずだと思ったんです。

ＩＴ全盛に突入した時代でしたから、万象源力と量子的につながるというのはわかるけれども、何とかそれをスマホのアプリにできないかとなったのが２０１０年以降で、２０１２年の7月31日に開発を決意しました。

そして、丸7年かかって、２０１９年7月31日に、何となくできたかなと。

田村　以前、前のタイプのものを見せていただいたことがあるんですが、あれですか。ちょっと丸い……。

miro9　そうです。当時、内部では、あれを今川焼きと呼んでいたんですが、円盤型のスピーカーみたいなもので、それの操作盤としてのアプリだったんです。

田村　じゃ、その今川焼が、何か出す本体ですか。

miro9　そうです。こっちにとてつもないチップが積んであって、工夫がしてあって、ブワーッと周波数を出すんです。

例えば、その今川焼の上に物を置いて、スマホで操作すると周波数が出るので、そこに置かれたものが加工されるわけですが、これはプロトタイプで、今は完全にアプリになっています。つまり、カメラ機能にひもづけることに成功したということです。

今はスマホのＥＱＴというカメラアプリで撮影すれば、対象物の情報が量子的に上書きがされます。

ＥＱＴを完成させた経緯としては、ファインチューニングに傾いて、それを地で行こう、万象源力だと。あとはそれをどうひもづけるのかについて吟味し、結果、アプリになったらいいなというのはあったんですが、正直私ではそれができる気がしなかったんです。そしたら、向こうから、「アプリにせい」と、また指示が来たんです。こっちは「できるわけないじゃないですか」と、いろいろ押し問答があって、この辺は謎のいきさつがあります。

とにかく、私は事あるごとに首を絞められるんですよ。ファインチューニングをアプリにしたら、その先、人生どうなるかも大体見えているし、大変だということがわかるから、やりたくなかったんですね。

やり方もよくわからないし、それに、こういったアイデアが浮かんできた場合必ず全世界で同時多発的に同じようなアイデアが湧いているはずだということが統計的にわかっているらしくて、私がそう考えたということは、世界に何人か同じように考えた人がいると思うから、誰かがやればいいのかなと思っていたんです。

また、私の目の黒いうちにそれが果たして完成するのかもよくわからない。そういうのがあったらいいなとか、できたらいいなという淡い期待はあったけれども、期待しただけで、まさか私がやるなんて思ってないわけです。

そしたら、「アプリにせい」という指示が来て、「イヤです」と言って逃げると、追っかけられて、行く先々で首を絞められるんです。やらないとダメでしょうということですね。逃げる、首を絞められる、逃げる、首を絞められるという堂々巡りを何回かやった末に、「そこまでいじめるなら、もういいです」という感じで、まな板の鯉状態で、もうどうにでもしてくださいとなりました。

というのは、やり方がわからないのに私にやれと言うということは、向こうはやり方を知っているに違いない、教えてもらえばいいんだと、開き直ったんです。
そのかわり、相当連れ回されたり、いじくられたり、いろんなことがあるだろうという思いはありましたが、何をやっても、やらないとダメという方向に向けて全部が動いていくんです。その現象を見るにつれ、本当にやらないといけないんだなという思いがだんだん強くなりました。「ここまでできて、あとちょっとなんだ、何とかやりたい、頼む、教えてくれ」という動機じゃなくて、開き直りに近いですね。

世の中にまだ存在しないものがついに完成した!!

ｍｉｒｏ９　そういうことで開発することを決めたのが２０１２年７月31日です。８月１日が開発スタート日で、この日はＥＱＴ開発記念日になっていて、22年の８月１日に10周年を迎えました。プロトタイプができ上がってからは３周年です。

田村　今のお話を聞いて、なぜここに至ったのかということが納得がいきました。私とすごく似ているところがあって、一言で言うと、探求者魂をお持ちですよね。

ｍｉｒｏ９　まさにそうです。田村さんは、私と同じにおいがします。

田村　私も、何か興味を持ったら、人に教えられるぐらいまで徹底的に突き詰めないと気が済まないんですね。マニアというか、オタクというか、そこまでやらなくてもいいんじゃないのというところまでやりたい。

ｍｉｒｏ９　私も周りからは、何でそこまで突っ込むのと、必ず言われます。

田村　そして、同じように宇宙と自然にすごく興味がある。私はもともとは天文学者になりたかったんです。

だから、数式がバーッと書いてある大学生用の専門書を中学生ぐらいのときに買って、わからないなりにそういう世界に憧れて、天文学者になるからと言って親に望遠鏡を買ってもらって天体観測したりしていました。

いつか宇宙旅行をしたいなと思うようになってSFが大好きになって、「スター・トレック」とか「スターゲイト」のような世界が現実にあるに違いない、宇宙人がすでに地球にたくさん来ているだろうという前提のもとに、会ったときにはどうやって会話するのかという研究をしたりしていました。

私の研究テーマの1つとしてコミュニケーションがあって、森羅万象、動物、植物、微生物等々、生きとし生けるもの全てのものとコミュニケーションできるはずだという仮説を立てていたんですね。

ｍｉｒｏ９　そう思えたのがすごいですね。

田村　私はコミュニケーションの階層というのを考えていて、例えば日本人同士なら日本語で語り合えますが、ロシア人と話す場合はロシア語を知らないといけない。何で言語がこんなにあるんだろうと素朴な疑問を持ったわけです。

その点、例えばフランスの犬と日本の犬がパッと会っても、その場でコミュニケーションできます。つまり、非言語コミュニケーションには垣根がないんです。

ところが、人間の言語、自然言語と言われるものはいっぱいあって、同じ日本人でも、方言で話されると何を言っているのか全然わからないことがある。

どうしてこんなふうになっているのか不思議でした。私は、普通の人が疑問を持たないところが、何でこうなっているのか不思議で探求しようというところがあるんです。

実は、動物が好きだったこともあって、子どものころから動物とコミュニケーションが何となくできていたんですが、宇宙に興味を持ったら、宇宙人とのコミュニケーションを研究しよう、どういうふうにコミュニケーションしたらいいのかなと、想像をめぐらしていました。

ただ、中学生のころに「スター・トレック」シリーズがテレビ放映されて、それを見ると、宇宙人がアメリカ人の格好をしていて、英語をしゃべり、それがまた吹き替えで日本語でしゃべっているわけです。それがすごく違和感があって、探求が始まりました。

生きとし生けるもの、何でこんなに種類がなければいけないのとか、虫とか生き物を観察しているうちに、何でこんな模様になっているのとか、花にしても、サンゴにしても、ほぼアートで、こんな色に誰がしたのか、これが自然にできたとは到底考えられないという思いが湧き起こるわけです。

ｍｉｒｏ９　私も一緒です。

このひどい社会を探求者魂でつくり直していく……

田村　最近、中村健二先生のセミナーに行ったんですが、ミトコンドリアという別の生命が人間やほかの生物の体の中に入ってきて共生を始めたという、生命の歴史についてお話ししてくださったんですね。

ミトコンドリアは人間の体の中でエネルギーを生産するというとても重要な役割を果たしているわけですが、寿命があって、最終的には活性酸素とかを出し始めるとよろしくないということで、アポトーシスといって自滅するんです。

自滅してしまったものが細胞の外に出ると、免疫細胞から異物と見なされて攻撃されて、体の中に炎症反応とかを起こしてしまいます。

ミトコンドリアの量は人間の全体重の1割くらいと言われていて、それがどんどん入れかわっているわけですが、そのたびに免疫反応が起きていたら大変なことになるので、免疫部隊に見つけられないように風呂敷のようなもので隠して静かに命を終えていくのだそうです。

体のことを知れば知るほど、自然にできたとは到底思えない、まさに神のみわざだというふうに思うようになりました。

知ることで、命に対する感謝、ありがたいな、何てすばらしいんだと、気がついたら自然に手が合わさっている。やはり物事を極めて知っていくことが大事だなと思っています。

miro9　本当にそうですね。

田村　私は今、ペットサイン協会（異種間コミュニケーション協会）という、動物とのコミュニケーション、つまり非言語コミュニケーションを学ぶ学校をやっているんですが、そこでは数十秒の動画を見せます。

ボールを投げたら犬が追いかけていって遊ぶという何気ない動画ですが、犬がボールを取りに行くまで5秒ぐらい間があるんです。

なぜ5秒の間があるのか。あと、ボールを取りに行くコースがあるんですが、なぜこのコースを選んだのか。後ろに猫がいるけれども、動かない。なぜ猫は動かないのか。

数十秒の動画で、いろんな疑問が出てきます。犬や猫の気持ちをわかろうと思ったら、これらのなぜの先に真理があるんですね。

人間の場合も、例えばパーティー会場で立つ位置によって、その人の心がわかったりするんです。真ん中ですごく社交的に話をしている人もいれば、壁の花みたいになって手持ち無沙汰にスマホをいじっている人もいる。

犬や猫も、この位置にいるのはなぜかとか、徹底的になぜというのをやっていくんです。

1分の動画で30個ぐらい、なぜを出すんですが、そこまでやって初めて見えてくるものがある。これは探求者魂の真骨頂で、普通の人はそこまでやらないと思います。やはりマニアというか、オタクというか、だからこそたどり着くところがある。

miro9　結果としては、私は今のところにたどり着いてしまった。

これから先、まだまだ伸びしろがある、まさに上には上があると自分でもいつも思っていますが、今、ここに至ったということを振り返ると、とにかく飽くなき探求の結果でしかないですね。

どこかで妥協して、この程度でいいんじゃないの、ここで食っていく分にはいいんだしということで諦めるチャンスはいくらでもありました。だけど、どこかに、いやいやというのはいつもあって、気がついたらアプリという形になっていた。

アプリにして、いよいよこれから世の中にどう打って出るか。ただ単に良いモノができたので、皆さんよろしくとやると、よろしくない時期とかタイミングもあるので、出し方は重要なんですね。

もっと言えば、その間、何が役割なのかとか、その時期にふさわしい姿形をとっていかないといけないんですが、どっちかというと、私はそっちも好きなんですよ。

このひどい社会のマーケティングですね。本当にひどすぎるんですが、その中で自分の足場や将来を見据えた戦略、どう世の中に出していくのかということですね。

つくる醍醐味もすごいけれども、それを社会にどう認知させていくかというプロセスが、私は結構好きなんです。

田村 楽しみがたくさんあっていいですね。

miro9 正直言うと、開発途中は自暴自棄で、アプリが完成したら死んでもいいぐらいの気持ちで、できた後がつらいというのもあったんですね。

家庭は大変になるし、周りには一切明らかにできないし、情報が漏れてしまっては困るしとか、いろんな思いがあって、根を詰めてやらざるを得ませんでしたから。

ところが、完成したら、私はまだ死んでなかった。もっと言うと、礎をつくるまでは、この命、まだあるのかなという思いに至って、この1年、2年は、健康に気を使おうという気持ちになって、生活が突然変わり出しました。

田村　少しでも長い間、探求の期間をということですね。

ｍｉｒｏ９　旬は、まだ10年はあると思っています。

世の中に出して、風当たりが強くなるまでですね。この手のものは「こんなものインチキじゃないか」と、必ず炎上しますから。

こういうのを待っていたんだという人が増えてくるのも間違いないけれども、一方で、こんなものはまがいものだと言われることも待っていて、こういった反応を駆逐していくのも楽しみなんです。

田村　それも戦略ですね。すばらしい。まだまだ伸びしろというか、発展進化していく余地は十分あるということで、先々がすごく楽しみですね。

ｍｉｒｏ９　まだ序の口ですね。

Chapter ⑩

撮影した被写体の情報がなぜ分子、原子、素粒子レベルで上書きされるのか!?

量子もつれ、量子テレポーテーションがヒントです!

田村　開発までのエピソードをお聞きしたんですけれども、そのほかに、開発の過程で、ここはすごく苦労したとか、ここでブレークスルーが起こったとか、秘話みたいなことがあれば、明かせる範囲で教えてください。

miro9　現状このアプリはダウンロードして誰でも無料で使える形式は取っていませんが、今後は世界戦略の一環として、限定的な機能で無料のダウンロード版を用意する予定です。世界中の人にドワーッと使ってもらって、まさに炎上させる。

今の常識としては、カメラで被写体を撮って、その写真データを保存して、見返したりSNSに投稿したりするのが一般的なカメラアプリの活用方法ですよね。

ところが、カメラアプリで撮った被写体の実物の情報が、分子、原子、素粒子レベルで上書きされる。しかも、その上書きされた情報によって、物質のエネルギーが最適化され身体のバランスが整うんですよと言われても、「何の原理でそうなるんですか」から、みんな始まるわけです。

だって、今の世の中にそんなものはないんですから。データを書きかえるならわかるけれども、撮った被写体の実物の情報が変わるなんて、みんな皆目見当がつかない。

どうしてもそのハテナを解除したいために問うてくる問い方はほとんど一緒で「どういうメカニズムで、どういう原理でそうなっているんですか？」と聞いてくるんですね。

私が今のタイミングで答えるべき専門的答え方は決まっていて、原理は明かさないよと。だって、明かしても、ほとんどの人が理解できないから。

だから、今はまだ出せません。ブラックボックスです。

だけど、ヒントを言えば、「量子もつれ」「量子テレポーテーション」がキーワードです。量子コンピューターをつくる現場のエンジニアの方々の間では当たり前のこととして理解されているものです。

いみじくもＥＱＴのプロトタイプができたのが２０１９年の7月31日で、２０２０年からコロナに入って、２０２１年の5月ぐらいからだったでしょうか、いよいよ日本に量子コンピューターを設置する予定ですという報道がありました。

これはＩＢＭ製で、ゲートウェイ方式です。ニューヨークで33台稼働して、世界中がここに連結してテスト運用をさせながら研究をやっていて、それが２０２１年内にはドイツと日本にも設置されて稼働しますと。

これは非常にセンセーショナルな報道で、ＩＴの延長にある量子エンジニアの業界はざわめきました。事実、２０２１年7月に、慶應義塾大学、東京大学など研究機関と、三菱ＵＦＪフィナンシャル・グループと産業界の何社かが連携して、「新川崎・創造のもり」に設置されて、量子コンピューターは実機があるんだというムードに業界が入ったわけです。

これはスマホに入れるデジタルビット・アプリです！

今、アプリをつくるベンダーたちの間では、当時Windows95が出てくる前夜のような盛り上がりで、「次は量子コンピューターの時代が遂に来るぞ」という雰囲気が業界全体としてあるんです。

もちろんポピュラーな多くの人たちのマインドにはまだ想起されていませんが、量子力学の延長にある量子〇〇という業界においては、量子もつれ、量子テレポーテーションというのは、それがないと量子コンピューターはつくれないわけですから理解していて当然です。

ＥＱＴは、その辺の原理を応用しているということです。

しかし、このアプリは現代の一般的なコンピューターの仕組みで動いています、ここではあえてコンピューター・アプリのことをデジタルビット・コンピューターアプリと言わせてもらいます。問題はこのデジタルと量子をいかに融合させるかにあります。二元性をあらわすデジタルの１・０とか、電源のオン・オフとか、善・悪とか、与党・野党とか、自由・共産とか、どちらかではなく、どちらでもいいじゃないの？というのが量子です。

どこにあるとも言えない確率の波のような波動性を認めた上で、人間が介在すると粒子化する、つまり、物質化する。観察者意識です。しかも、人間の意識をあざ笑うかのように、最適な場所に最適に、必要があれば必要な分だけ出てくる。

こういう量子的な考えが１００年前からあって、ずっと研究されてきて、二重スリット実験においては、確率の波としてどうしても波動性は認めざるを得ない。

波動性と粒子性の二重性を認めたということが、量子という言葉の定義なんです。量子世界の話ですから、見えないのが当たり前で、異次元、多次元の何かある世界なんですが、それを量子と一言でくくってやっているわけです。

この商品は生命を取り戻してしまうレベルまで視野に入れているのです⁉

ｍｉｒｏ９　ＥＱＴは、その量子と二元性のデジタルを融合させた技術と言えるのですが、具体的なプログラムを開示しても、まだ理解されないので今はそれはできないです。

何でこれができたんですかと言われたら、それは今は明かせませんが、できてますからまずは皆様体感してみてくださいということです。

ＥＱＴというのは、Experience of Quantum Teleportation、量子テレポーテーションを体験しましょうという造語なんです。

そのうちメカニズムをおおっぴらにできればなと思っていますが、今は作用機序、原理を明らかにするわけにはいきません。つまり、業界と真っ向から勝負はせず、人知れず世の中に登場したアプリというわけです。

ＥＱＴは、結構ヤバイ商品なんです。だって、生命を取り戻してしまうとかね。

これは、この本の第２弾が出る際にはぜひやりたいところで、要は、量子が扱う世界というのは、生命はなぜ生命になっているかという話なんですよ。

昨今では、ＡＩのニューラルネットワークとかディープラーニングとか量子コンピューターがとか言っているけれども、ＥＱＴはそんなヤワなものではなく自然界をつくっている科学、神科学なんですよ。

その神科学とどう実世界がひもづくかという話で、何しろ実世界はそちらの方々がつくったわけですから。

我々の科学、現状のテクノロジーでは、いまだに髪の毛1本すらつくることができません。山や川や海、風とか海の潮の流れとか、いろんなものは人工的にちょっとしたマネはできるけれども、天然自然物はつくり出せません。

そういう天然自然物をもたらす神科学こそが、本来の科学なんです。そういう世界に我々はいるんです。

ですから、私としては、これからの地球に必要なものは空間から全部出せる。こちらの神々となって、それをやる段階に入る。

そういう意味で、量子商品がこれからの世の中では闊歩《かっぽ》するだろうと思っています。

その第1弾として、この手のものもありますよ、みたいなものがこのＥＱＴなんですね。

田村　すごいロマンがありますね。

ｍｉｒｏ９　この先が、やりたいことばかりなわけです。

Chapter ⑪

自然を整え、蘇生する！ 地球環境をとことんEQT加工していく……

電磁波を世界一浴びている日本人だからこそ、今すぐ目覚めてほしい！

田村　僕が一番響いたのは、「取り戻す」というところですね。

現次元の科学を見てみたときに、科学信仰というか、科学至上主義で、科学的と言うと、それが水戸黄門の印籠みたいになって、エビデンスというものになる。

でも、僕は科学の中身より、科学がどうやってできたか、誰がどういう意図でつくったかというところにすごく興味があって、中身にはあまり興味がないんですよ。

例えば、医学・健康学3・0というのは環境健康学ですが、ツールが弱かった。

私は「全体の健康なくして個の健康なし」という言葉を挙げているんですが、全体というのは地球全体、地球生命圏で、私たちは全体の中の一部としているわけですから、全体がこれだけ傷んだ状態で個人の健康なんかあり得ないだろう。

でも、このサプリを飲んだら健康になるとか、この健康器具はいいとか、意識が矮小化されて全体が見えなくなっています。

それを私は「タイタニックの医学」と名づけました。

船が沈みかけているのに、みんなはクリニックに行って健康診断を受けたり、スポーツジムで体を鍛えたり、健康食品のお店でサプリを買ったりしているわけです。

ちょっと待って、窓の外を見てください、この船、沈んでいるんですよ、今、それをやるのが優先順位なんですかということです。

miro9　まさにボタンのかけ違えですね。

田村　目先で起こっていることの意味は、全体、あるいは構造、あるいは流れの中で見ないと決まらないのに、これまで、教育を含めて、あえてそこを見ないようにさせられてきたわけです。

miro9　そうですね。そこについても、私たちはこれから知っていく必要がありますね。

どうしてここまで落ちぶれたのか、なぜこうなってしまったのかという話です。

そこにはきっかけがあり、決定的瞬間があるはずです。

それを悪と一言で言うのであれば、悪辣な、起点となるスタートがあるはずなんです。今日に至るまで、悪徳はそれをずっと律儀にやっています。この歴史についても、私たちはいよいよ把握できる段階に入ります。

田村　それも明らかにしていきたいですね。

医学に関しても、現代医学をつくった人たちは、1つの病気、1つの原因、1つの治療法というコンセプトでした。

実は100年ぐらい前のアメリカの医学は、大学でも代替医療が半分ぐらい研究されていて、実際の医療でも半々だったんですね。

ところが、代替医療が邪魔だと思った勢力が、これを消すために百年の計を練ったわけです。彼らは場当たり的ではなく、将棋の名人のように何十手先まで読み切って計画的に物事を進めていくんです。

カネの流れを握って、代替医療系の研究には一切お金を流さないけれども、薬の研究をする人にはジャブジャブお金を流すとか、人事を握るとか、そういうことを計画的にやってきました。

だから、こちらもそれなりの見識と、全体の流れを見られる眼力を持たないと、とてもじゃないけれども対抗できないので、そこは目覚めてほしい。

特に日本はやられまくっていますからね。例えば、電磁波を世界一浴びている国民だということも、ほとんどの日本人は知りません。1個1個の分野で、全てそういう構図があるわけですね。

松果体もやられる⁉ 電磁波で日本人はまさにゾンビのようです！

ｍｉｒｏ９ この間、ＥＱＴラボの延長でＥＱＴ大学みたいなものをつくりたいという記事をブログに上げておられたということを聞いて、非常に感動しました。

ぜひやりましょう。私は初代カバン持ちをやりますよ。

田村 いえいえ僭越です。ＥＱＴはすばらしいものですが、ＥＱＴの真価を引き出すのは、やはりユーザーの意識と目だと私は思っているんですね。

ｍｉｒｏ９ すばらしい。

田村 特に目というのは、私がずっと探求してきた分野で、それなりに武道的なこともやってきたんですけれども、宮本武蔵が「五輪書」で言及した「観の目」という言葉があるんです。合気道の植芝盛平は、弾が来る前から見えるので、至近距離でピストルで撃たれてもよけられたそうです。そういうことができるのは、本質を見抜く、全体を見抜く、構造を見るという目が備わっていたからだと思います。

目は心の窓とはよく言ったもので、今、ほとんどの人の目は死んだ魚の目のようです。

その大きな原因は電磁波で、電磁波は目にすごく悪いんです。

視床下部とか松果体も徹底的にやられているので、特に日本人は半分ゾンビのようになっていて、感じない、モノを考えられない。半分ロボット化に十分に成功していて、99・9％の人がマスクをしています。

中村健二先生のセミナーでマスクをしている人がいると、「そんなものは外してください。病気になりますから」と言われます。ウイルスは大体数時間で不活化するんですが、モノについたら大体1日、マスクの中では1週間生き延びるので、わざわざ培養しているようなものです。


都会ではすでにほぼ高山病になるレベルの酸素濃度しかないのです！

田村　あと、今、空気が非常にやばくなっていて、都会では、ほぼ高山病になるレベルの酸素濃度に落ちているところもあります。

miro9　それは初耳ですね。

田村　それにさらにマスクなんかすると、うまく酸素を取り込めなくなるので、わざわざ病気をつくるために装着しているようなものです。

さらに電磁波でやられると、思考能力、集中力、記憶力、判断力が、たぶん数百分の一ぐらいに落ちてしまう。

だから、右向け右と言われるとロボットのようにみんな右を向くし、マスクをつけろと言われると何の疑問も持たずにつけて、注射を打てと言われると注射を打つ。日本人は、ここまで落ちぶれてしまったかと思うぐらいです。

だけど、それが実は必要だと、私は思っているんです。

落ちに落ちたときに、初めて日本人の覚醒が始まる。今は受難のときですけれども、それがあるゆえに、日本人本来のＤＮＡが目覚めてくる。

その中で、ＥＱＴのようなものが出てきて、それを使って地球を立て直していこうという人たちが少しずつでも増えていくんじゃないか。

「大日月地神示」もそうですけれども、そういう芽は各地で出てきているので、日本人、まだまだ捨てたもんじゃないなというところもあります。

ここまで落ちてしまった元凶の１つは電磁波で、電磁波のことを知れば知るほど、これがいかに生体電気に悪いかわかってきます。

シュタイナーは1924年時点ですでに「電気周波」で知的活動が鈍ることを予言！

miro9　最近作成したビデオに含まれていた情報ですが、ルドルフ・シュタイナーの1924年時点での語録が引用されていたんです。発言の内容は、人類が電気に対してどう向き合うべきか、1924年の時点で、数十年前と比較して、知的活動がやられてしまっている、これからますます電気が飛び交う社会になるだろうということです。

今は2023年ですから、100年前の発言としてはすごいですね。

田村　すばらしい先見の明ですね。

miro9　「電気周波」という言葉を使っていましたけれども、今で言う高周波とかいろんなパルス波等々です。こういったものがもたらす電磁波の影響は大変だということを、当時、すでに言っています。でも、だから、これ以上電気を使わないでおきましょうという歴史ではなくて、ますます使うようになっています。

その結果、本当に頭が働かなくなっている。そこからやられて、物事の全体像をつかめない。先生は矮小化とおっしゃいましたが、まさに意図的にそうさせられている。

人類が電気を使うようになったのは産業革命以降で、特にエジソンの白熱電球発明と共に日常の中で電気を使う生活に突然突入したわけで、今や電気抜きには物事が動かないというところまで来てしまった。

田村　文明が成り立たないですね。

miro9　私、かねてから予見していることがあるんですね。

エジソン・バーサス・テスラみたいな描かれ方がよくされるんですが、実際は発明王エジソンにカネが集まり、エジソンの技術を育てていくということで、フリーエネルギーとか言っていたテスラは逆に退けられたわけですね。

テスラの場合、空間から電気をつくってしまうので、みんなが無料で使えるというのはいいけれども、この情報の中に隠されている1つの大きな事実があるんですね。

フリーエネルギーによって循環的なエネルギーを共有でき、みんながタダで使うことができるので、エネルギーに関して人類は完全にクリアできる。これは非常にすばらしい話なのですが、その電気が動植物を殺す電気だったら意味ないはずなんです。

たぶんテスラが考えた電気は、生きとし生けるものをよくしていく電気だったろうなと思うわけです。私は、それがいよいよ始まると期待しています。

これだけ生物を亡きものにしたツケが回ってきている！
EQTで未来縄文を生み出せ!!

miro9　人間も含めて生物は固有の生体電気を持っているわけだから、生きとし生けるものは、結局、電磁波で生きているんです。固有の生体エネルギー、固有の電気エネルギー、固有の電磁波を使って機能させている。

そう考えると、我々が今使っている電気は、それを全破壊し、殺していく、あまりにも横暴で、暴力的で、破壊的で、生物に壊滅的な打撃を与えるものである。

事実、動植物は、たくさんの種が絶滅しています。同じ電気を浴びていながら、人間は意外としぶとく生きていて、地球上の民族のうち50％の民族が電磁波によって絶滅したという話は聞いたことがありません。

時系列的に見ても人間が最後に出てきた種族ですから、動植物や自然が100％整ってこその人間なんです。だから、価値観も全部ひっくり返さないといけない。我々の生活が便利になった、そのおまけとして、自然に対して「エコで優しいでしょ？」と言っているような、上から目線ではもうダメです。

自然を整え、蘇生する。もっと言えば、新しい地球次元にふさわしい命をこれから出していかないといけない。次の地球次元にふさわしい生命環境が全部整って初めて人類はスタート地点に立てるといった感じですね。

だから、地球環境をとことんＥＱＴでエフェクトをかけて癒していくというムーブメントを起こしたいですね。

田村　まったく同感です。電磁波問題にしても、医療問題にしても、これはおかしいじゃないかとか、これは陰謀だとかいう声が、いろんなところで徐々に出てきているけれども、本質まではたどり着いていない。

悪の構造がばれたらまずいから、そこは隠されて、ちょっとだけ出して、浅瀬で泳いでね、深いところまでは行かないでねという感じなんですね。

例えば電磁波問題にしても、電磁波は悪いと、海外の人はみんな言っているけれども、このシールを貼ったらいいですよとか、このペンダントを身につければ防げますよというところまでなんですね。それをやれば、その人は守られるかもしれないけれども、ほかの人、自然界、動植物はどうでもいいのということです。

どこまで行っても、我良し、自分さえ健康になればいい、ほかの人のことは知ったこっちゃないし、人間以外の生物のことは全然知ったこっちゃない。そこの構造は何も変わってないから、今おっしゃったように、この文明のあり方自体が、これだけ生物を亡きものにし、その結果は全部自分に返ってくるわけです。

ネイティブアメリカンとアボリジニの方々は、みんな同じことを言っています。私が好きな『ブラザー イーグル、シスター スカイ——酋長シアトルからのメッセージ』という絵本があります。

アメリカはちょっと前までは世界の警察官を標榜していましたが、もともとは侵略者でした。何百部族という先住民の方々を兵器で圧倒して殺戮し、居留地に閉じ込めて土地を略奪したわけです。そして、自分たちを正当化するためにハリウッド映画を利用しました。

例えば、白人の美女がインディアンにさらわれると、ダンディーな保安官がやってきて美女を取り戻して、めでたし、めでたしということで、インディアンは知能の低い野蛮なやつらだというふうに描くことで洗脳していったわけです。

でも、事実は全然逆なんですね。お互いに血みどろの戦争はやめようということで和解するんですが、その調印式のときに、百数十部族の代表の酋長シアトルが行った演説が絵本になっているんですが、その内容は、「空がカネで買えるだろうか。雨や風をひとり占めできるだろうか」というものでした。

つまり、母なる地球は人間のものでもないし、誰のものでもない。ましてやそこに線を引いて、我が国のものだとか、俺の土地だとか、どんな権利があってそんなことを言えるのか。共有財産ですらない。そこから全ての命が生み出されたものを、川を埋め、山を切り崩したら、全部自分に返ってくる。何と叡智《えいち》に満ちた言葉なんだろうと思います。

昔の人は、そういう価値観がありました。特に日本の縄文時代には、空も山も川も木も草も、全てが神である。私も神、あなたも神、八百万が神という中で、そこに住まわせていただくという感覚で、全てのものを敬うという世界観が自然とあったわけです。

EQTは、そういう日本人の世界観がなければつくれなかったものだと私は思っています。波動機器というのは世界中にいろいろあって、ドイツとかロシアとかアメリカでは進んでいますが、海、山、川、全ての動植物を癒すという発想は、海外の波動機器にはないものです。

miro9　不思議とないですね。

田村　だから、日本でなければいけなかったのかなと。

miro9　海外のものは、局所的で、全体をバシャッとはいかないですね。

田村　持っている人しか恩恵が得られませんしね。

miro9　そのとおりなんです。実は、「アプリにせい」ということと同時に、「日本で立ち上げないといけない」と言われたんです。

私はあくまでも避けたかったので、「同じアイデアを持っている人は世界に何人かいるだろうし、日本にも何人かいるんじゃないですか」と言ったんですが、「あなただ。やりなさい」ということでしたね。

Chapter ⑫

ＥＱＴはスタンリー・キューブリック「2001年宇宙の旅」に出てくる〝モノリス〟なのか⁉

神わざアプリ「ＥＱＴ」をどうやって世界へ広めていくか⁉

田村　私は、動植物、環境のほうから入ってきているんですが、医学・健康学１・０が対症療法、２・０が原因療法、３・０が環境健康学（場の健康学１・０）です。ただ、３・０の欠陥は、問題意識はあったけれども、具体的にどうしたらいいのかというツールが弱かった。

ＥＱＴと出会い、医学・健康学４・０（場の健康学２・０）に至って、初めて理念と実践ツールの両方がそろって、地球を癒して、地球生命圏を元に戻していくということが実際にできるようになったわけです。

もう一方で、私はコンテクスト健康学という概念を提唱しています。

コンテクストというのは、前後の流れとか状況とか環境とかによって物事の意味が変わってくるということです。

例えば、1つの単語でも、辞書を引くといろんな意味が出てきますが、ある文章や会話の中では1つの意味として使われていることがわかります。

なぜわかるかというと、前後にどういう単語が並んでいるか、どういう状況で発せられた言葉かによって意味がわかるからです。

実は動物の言葉もそうで、いろんなサインやボディーランゲージがあります。

例えばシッポの振り方1つでも膨大なニュアンスがあって、振り幅が広いのか狭いのか、振っている位置か高いのか低いのか、うちでは6段階に分けているんですが、それぞれ意味が変わります。

あとは、速く振っているのか、ゆっくり振っているのか、しなるように振っているのか、棒のようにカクカクと振っているのかで意味が変わります。

また、シッポの形がヘビのようにクネクネとなっているのか、先端だけ立っているのか。また、毛が逆立っていても、全体が逆立っているのか、先端だけ逆立っているのか。

こういうのを見ていると、シッポ語と言えるぐらい、実は数百のコミュニケーションが行われているんです。

なので、いかにメッシュを細かく捉えるかというのがペットサインのコンセプトなんです。私たちの感覚は粗すぎるので、粗くしか捉えられないけれども、細かく細かく見ていくと、初めて別世界が見えてくるということがあります。

私はもともとはスピリチュアルのほうから入って、アニマルヒーリングスクールというのをやっていたんです。

そこでは気功とかレイキとか、アニマルコミュニケーションというんですけれども、テレパシーを教えていた時代がありました。

そのときはまだサラリーマンだったんですが、生徒さんが増えて会社の給料よりそっちの収入が多くなって、これはちょっとまずいなということで、独立することにしました。

最初はスピリチュアル路線で行こうかと思っていたんですが、ビジネス的な勉強をあまりしてなかったので、ビジネススクールに入ったり、コンサルの先生についてもらって、どういうふうに起業していくかとかやっているときに、実は担当の先生が動物好きの方で愛犬家だったんですね。

その先生が、「犬と話せるなんてすごいじゃん。ちょっとやってみてくれる？」と言うので、「瞑想誘導していくので、目をつぶって、呼吸を楽にして、心が穏やかになったら、そこにワンちゃんを呼んできてお話ししましょう」とやったら、目をつぶったまま首をかしげて、納得してないという感じなんですね。

そのうち中断して、「ちょっと待って、田村さん、何でこんなことをするの?」と言われたので、「ハートとハートでつながって、テレパシーで話すので、心を穏やかにして瞑想状態で話すものなんですよ」と言ったら、「ウーン、何かぴんとこないな。もうちょっと直接的に見てわかるというのはないの」と言われたんですね。

私が「あることはあるんですけど、そういうのは誰でも知っていますからね」と言ったら、「いや、俺は知らない」と言うわけです。

たまたまそこのビジネススクールは、今から起業するという人が集まっていたんですが、その先生が「ワンちゃんや猫ちゃんを飼っている人、いる?」と聞いたら、半分以上の人が手を挙げたんです。それで、「見て気持ちがわかるとか、直接的にコミュニケーションできる方法があるらしいんだけど、そういうのを知っている人いる?」と聞いたら、誰も知らなかった。先生は「ほらね、絶対そっちのほうがいいよ」と言うわけです。

私はスピリチュアルのほうで行きたかったので抵抗したんですが、先生に「俺もスピリチュアルは好きなんだけど、世の中に広めていくにはそういうのはダメ。田村さん、これから起業するんでしょう。私が先生ですよ。言うことを聞きなさい」と言われて、しぶしぶそちらでやることにしたんですね。

でも、それが大正解だったということが、後でわかりました。スピリチュアルでやっていたころは、来る生徒さんはスピ好きの女子がほとんどで、それはそれで楽しかったんですが、具体的なペットサインにしたら客層がガラッと変わりました。

また、メディアの取材がたくさん増えました。私は、なぜうちを取材しようと思ったのか理由を必ず聞くようにしているんですが、ある新聞社の記者さんが言うには、「今、日本はペットブームで、16歳未満の子どもの数よりペットの数のほうが多いんです。

そういう中で、昔は番犬という感じで外で飼っていたけれども、今は家の中で家族として飼われている。家族ならば、何が欲求として一番あるかというとコミュニケーションだろう。ペットの気持ちが知りたいとか、こっちの思いを伝えたいという飼い主さんのニーズがあるはずです。

それで、取材先を選ぼうと思ってネットで調べたら、天使さんのガイドでお話ししましょうとか怪しいところが多くて、一般紙ではとても紹介できない。ペットサイン協会さんのブログを見ると、すごくロジカルに書いてあって、記者の目から見ても納得できる記事がたくさんあったので、取材先に選ばせていただきました」とおっしゃるわけです。

取材に来られる方はみんな同じことをおっしゃるので、私の先生が言っていたのはこういうことだったのかと納得しました。

ドッグトレーナーさんとか獣医さんなどの動物のプロもたくさん来るようになりました。女性の獣医さんはスピリチュアルが好きな方も多いですが、男性の獣医さんはバリバリ理系ですから、再現性のある話とか、科学的根拠がある話でないと来ないんです。

男性の獣医さんからは、「獣医学部では習わなかった。そんなことがあるのか。犬や猫も病気やストレスのサインを出しているので、そのサインをちゃんと受け取れれば、病気になる前に見逃さずに手が打てる。これは予防医学にすごく役立つ」と感心されました。

路線変更したわけですが、世の中に広く認知してもらうためには、ある程度再現性があったり、説明知がちゃんとしているという部分が必要なんだなということを、その体験で学びました。

EQTも、広め方が非常に難しい問題だと思います。私も説明会をたくさんやらせてもらっていて、いろんな方が来られますが、どういう話を求めて来ているのか、必ず事前に聞くようにしているんです。人それぞれ興味の対象は違いますが、それを聞いて、その人に合うようにカスタマイズしてお話をするようにしています。

miro9　それは先生ならではですね。いろんな知見がないとできないことじゃないですか。

田村　お客さんの反応がいい場合も悪い場合もあるので、説明の仕方にいろいろなバリエーションがないといけないんだなと、日々考えています。

あと、事前の教育をどういうふうにしていくかで成約率も変わったりしますが、ある意味、これもコミュニケーションなので、おもしろいんですね。

こう言ったらこういう反応が返ってきたかとか、その場では買わなくても、気になって、やっぱり買いますと後で言われたり、いろいろです。

ｍｉｒｏ９さんは、広めるとか、マーケティングも含めて販売ということがお好きで、才能もお持ちだと聞いていますが、実は私はそういうことは大の苦手で、人に何かをお勧めする販売行為なんて絶対にやりたくないし、自分にはそういう才能はまったくないと思い込んでいました。

親にも「おまえはセールスだけは絶対やるな。向いてないから」と言われていました。

ｍｉｒｏ９　この間の実績を見ると考えられないですね。

田村　自分が不得意だと思っているその先に、実は才能があったりするんだなというのをまざまざと感じて、これが人生の妙味なのかもしれませんね。

いろいろな探求の過程もありつつ、実際にオファーが来たときに、最初は逃げ回っていたけれども、最終的にそれをやる役割だったんでしょう。

その辺はおもしろいですね。最初から、それは私の役割だ、みたいに思ったわけではなくて、それは私の任にあらずと思っていたのが、エッ、私？　という感じでなっていったのが、人生のおもしろさ、醍醐味なのかなと感じました。

本題に戻りますが、命のことを考えていたときに、人間はとんでもないことをやってきたということに気づいたんですね。

1年間で4万種の絶滅を引き起こしている電気ありきの文明に対してEQTを使いまくる⁉

田村　私はコミュニケーションをするときに、相手が動植物であろうが、霊であろうが、神であろうが、宇宙人であろうが、基本的なスタンスは共通する部分があると思っています。「彼を知り己を知れば百戦危うからず」という孫子の兵法じゃないけれども、自分を知り、相手を知ることの2つによってコミュニケーションの橋がかかる。

そこで、まず自分を知ろう。自分を知る前に、人類とは何かということを知らないといけない。そこで、生物の歴史を見ていくと、人類は結構悪者じゃないかということに気づいたんです。

昔は人類と似たような種が十数種類あって、有名なネアンデルタール人とかホモ・エレクトスとかいろいろあったけれども、なぜかホモ・サピエンスだけが生き残った。

ホモ・サピエンスの祖先はアフリカのローカルなところに誕生して、気候変動とかもあってヨーロッパ大陸、アジア大陸に北上していくと、なぜかそれ以前にいた他の原人や旧人類はことごとく滅んでいっているんです。ホモ・サピエンスのルーツは、そういうものを駆逐してきたという歴史がある。

そういうことを考えたときに、大量殺戮者としての人類のカルマというか、今の文明のあり方も含めて、数え切れないぐらいの生き物を亡きものにしてきたわけですが、その自覚がまったくない。また、人類の文明全て、科学も哲学も宗教もスピリチュアルも、あらゆる学問が人間のことしか考えてない。つまり、人間の成功、人間の幸福、人間の健康は考えているけれども、ほかの生き物は眼中になくて、知ったこっちゃないというあり方になっています。

その結果、どうなっているか。人間の手にかかって殺される動物の数は1年間に約500億です。種の大量絶滅は今までに5回あって、今は6回目の大量絶滅時代と言われています。大量絶滅というのは、地球上にいる種の20％、30％、50％が短期間に絶滅することを意味しています。

直近は6600万年前の恐竜絶滅です。原因は諸説あるけれども、1つの説は、直径十数キロの巨大隕石が落ちてきたことによって粉塵が大気圏を覆って一時的に氷河期に入った。恐竜を含めた爬虫類は太陽の光を浴びて体温を保つ変温動物なので、光が届かなくなって死滅してしまったということです。

特別なイベントがあったから恐竜は絶滅したわけですが、今は静かなる絶滅と言われていて、みんな気づかないうちにどんどん死んでしまって、気がついたら周りに生き物がいなくなってしまっていた。これが非常に深刻なんです。

その後、どれぐらいのペースで種が絶滅していったかというと、1年間に0・001種です。つまり、1000年に1つの種が絶滅した。地球上に生まれてきたからには、環境の変化に適応したり競争に勝とうとして進化していくので、種の絶滅というのは簡単には起こりません。

今はどうかというと、1日に平均100種、1年間に約4万種、絶滅しています。それは微生物とか昆虫とか植物を含めてですが、幾何級数的に増えている。100年前は1年間に1種だったので、なぜ4万倍になったのか。

この100年間に何が起こったか。人間の文明、科学がつくり出したものが彼らに害悪を与えているわけで、その最たるものが電磁波です。

人間の文明そのもののあり方、電気によらなければ、全ての文明活動、経済活動が成り立たない、電気ありきの文明をつくってしまいました。私たちは、電気を使うことで、生き物を殺しに殺しまくっているシステムに間接的に加担しているわけです。この罪をどう償うのか。

じゃ、電気を全部なくしましょうというのは、今さら無理です。そこで、ＥＱＴです。あらゆるインフラとか家電製品を撮影してポチッとすることが、少しでも今までやってきたことの償いになるのではないか。

もちろん、今までやってきたことがそんなに簡単に許されるはずもない。これだけ殺しに殺しまくっておいて、ごめんね、悪かったで済むわけがない。やったことの報いは必ず受けなければいけないんです。

その報いは、今、病気とか災害とか戦争という形で十分に受けているけれども、その因果関係がわからない。自分たちがやったことがどれだけ影響を広げているのかに気づかず、目の前の自分の健康、どのサプリを飲んだらいいでしょうかというところまで矮小化している。これが諸悪の根源ではないかと思っています。

ＥＱＴを持つことで、そういうことに気づいていく。

最初は、撮影してピッとやると体の調子がよくなったというところから入って、やがて私たちはこれだけ悪いことをしてきたのということに気づいて愕然とし、まずは土下座してでも謝る。それでも許してくれないでしょうが、そこからスタートです。

その後、一人一人の生活のあり方、人間の文明のあり方を考え直していきながら、せっかくこういうツールが天からもたらされたわけですから、ＥＱＴを使いまくる。

これを手にした人は本当にラッキーです。これは贖罪《しょくざい》のツールですから、これで元に戻していくことができる人たちは、選ばれた人だとも言えます。それだけに責任重大というところもあるので、そこからどう成長していくのか。

地球生命圏を取り戻す、再生させる――ＥＱＴはそこまでのポテンシャル!

田村　ＥＱＴを持つのは、ほんのスタートです。

そこから意識を高めていき、最終的には全ての生物、地球生命圏を取り戻していくというところまで行って、初めてＥＱＴの本物のユーザーになれるのです。

そのためには教育が大事です。

だから、ＥＱＴ大学というのをつくって、そこで意識のあり方、命の仕組みを学ぶ。そのことによって意識がどんどん高まっていき、最終的に神意識で撮影してピッとやると、虚空からモノが取り出せるように、滅んでしまった生き物が再生する。

神道では十種《とくさ》の神宝《かんだから》の1つに死反玉《まかるかえしのたま》というのがあって、それを使って死んだ魂をよみがえらせるという伝説的な秘儀があるとされているんですが、当然、私はできません。何十年かけて修行しても、それができる人は過去何百年で1人か2人いたかどうかでしょうし、そもそもそんなものがあったかどうかも不明です。

でも、ＥＱＴは、撮影してピッです。

でも、意識が大事、目が大事なのです。

ＥＱＴは、キャパが広いというか、自由度がありすぎる。私はＥＱＴは、スタンリー・キューブリックの「２００1年宇宙の旅」に出てくるモノリスだと思っているんです。

ユーザーによって三輪車レベルから宇宙船レベルまでの幅があるのに、痛いところが治ったとか、ちょっとカネ回りがよくなったとか、みんな三輪車レベルで喜んでいるわけです。

でも、ＥＱＴは地球の生命圏を再生させるぐらいのポテンシャルを持ったものだから、三輪車レベルで満足しないで、自分も含めて、ＥＱＴにふさわしいユーザーの意識になっていかなければいけない。

みんなと共に高め合っていこうというので、ＥＱＴ大学というものを勝手につくってみたんです。

ｍｉｒｏ９　本当に時を得たりですね。
そういう必然性を感じますし、その実務がこれから大切になるだろうと、わくわくしますね。

Chapter ⑬

ＥＱＴはマクロ宇宙とミクロ（極微）宇宙の統合なのです！

マクロとミクロを等価にする⁉
感じるか、感じないか、その感性が未来をつくる⁉

ｍｉｒｏ９　結局、ＥＱＴはきっかけにすぎないんですね。

ツールになり、アプリという形に落とし込めたというのは、事の初めの本当に入口で、ポテンシャルは、物事を全部生み出していくメカニズムをつかさどっています。

田村　創造の源ですね。

ｍｉｒｏ９　そうです。我々がオギャーと生まれて、幼少期、少年少女期、思春期、青年期、成熟期、そして完熟期というか老年期に入っていくんですが、こういう時系列で、肉体の成長とともに知見もちゃんと成長していかないといけないわけです。

それは強いて言えば、一番大きいものから一番小さいもの、つまり、マクロ宇宙に対し極微宇宙、超微粒子ですね。

EQTは、マクロとミクロの統合なんです。同時に自他の統合であり、これは前後するかもしれないけれども、実は内外の統合でもあるんです。

例えば、外在に、でかい宇宙を見る、天の星を見る。どれだけでかいのか計算してみると、今までの知見からすると広大無辺と言うしかなく、無限にでかい。しかも、いまだに膨張している。

空間的広がりがそれだけあって、そこに光の速度を超えて行ったとしても何万年かかるかわからない。

田村　900億光年とか1500億光年とか言われていますね。

miro9　ということは、行けないじゃん。物理的にそれだけ空間が広がっていて、行けないところに価値があるものがある。でも、行けないなら、価値あるものにアクセスできない。

実は、それは自分の中だ。では、中とは何か。自分というものを分解していくと、最後は超微粒子になってしまうわけです。ということは、超微粒子と、でかいマクロは、実はつながっている。

でも、つながる手段がなければつながれないわけです。つながる手段を見出したとき、初めて、大宇宙は小さいところにあり、小さいところは大きいところにある。ということは、等しく価値があるということです。結局、そういう統合に向けて成長過程があるみたいです。

だから、マクロとミクロを等価にしなければいけないし、それに合わせて進めるべき知見は内外の等価で、内面を外に見るわけです。外と言っているのは、肉体感覚では肉眼で外の刺激を受けて、「あれはああだ。これはこうだ」とやっているわけですけれども、これは等価だから、実は外は中を見ているんです。自分の中は、細胞が１００兆個あるのか、60兆個あるのか、最近は37・2兆個だと言う人もいますね。

田村　計算の仕方が違っていたみたいで、最近は少なくなってきますね。

ｍｉｒｏ９　それでも何兆個ですものね。とにかく兆を超える細胞の1個1個がリレーションして、コミュニケーションしている。それで初めて体の機能がバランスを保ったり、崩したり、また取り戻したり、一時たりとも止まることなくうごめき続けている。

最後は、自他の等価です。

等価にしなければいけないものが、大きく3つあるんです。

そのことは、万象を学んでいくというプロセス以外に得られないものです。

人生は、「これは何か？」ということから始まるわけですから。オギャーと生まれて、肉眼が開き、耳が開き、鼻が利き、味わいが開き、皮膚で感じる。外在の刺激に対して、これは何？　と、五感で純粋に知ろうとするわけです。

それに対して、親なり、取り囲んだ周りの方々が、これはワンワンよ、ニャーニャーよと答えることで呼び名を覚えていく。知れば、すごいなとわかってくる。自分にはできないことが起きている。その畏敬の念をたどっていく。

種別を問わず、自分の疑問が赴くところに関心を注ぎ、そこをちょっと勉強してみると、「すごい！」となって、尊くなって、自然と手を合わせたくなる。そして、これがないと私はないということになっていく。

そういうことをいくつかやっていくと、あれも関連している、これも関連しているということがわかってきます。何兆個という全種類を1個1個専門的に追いかけるのは時間が足りないので物理的に許されないけれども、関連を相似的に当てはめていくことができるようになるわけです。

すると、「全部だ」ということがわかってきます。形は違うし、種類も違うし、すごい刺激があるけれども、実は共通項があって、みんな元は1つで、それが違った姿になっているだけじゃないか。いろんな関心のもとに、その都度学べるように、学びの仕組みがこんなにたくさん展開されている。

先生がおっしゃったとおりで、知るということ、つまり、対象に対して100%の愛情を注いで、その純粋な探求に対して回答を得ていく。こういうプロセスが、幼少期、少年期、思春期、そして青年期とあって、やがては家庭とか組織をつくっていく。

だから、1個の人間の成長論の中に全部畳み込んで説明できるはずなんです。ということは、結局、真《まこと》教育をするしかない。人間のポテンシャルは高いので、本当のリアリティーを知って教育すれば目が開けるはずです。そういう意味では、そこに到達させないという力を感じてならないわけです。

目を開かせてしまったら、人間なるものはすばらしいから、地球は神々の星になってしまう。そうはさせまいとした歴史を感じてならないです。

人間を人間らしくさせたくないという意図が、徹底的に働いて、そういう思念、悪徳教育が、終末にかけて、今、佳境を迎えている。その惨状が、今の世の中だと思うんです。

電磁波によって波動がやられてしまって、感じて当たり前の周波数を感じ取れない。

これはぜひ言っておきたいんですが「信じるか、信じないか」の時代は、いよいよ終わりを告げようとしています。これからは「感じるか、感じないか」です。きっかけを与えると、感性が戻ってきて、やってみたら、エーッと感じてしまう。

量子力学であり科学であるEQTで、亡くなった先祖が、出てきてしまった⁉

miro9　EQTのデモンストレーションをやると、バランスが整ったことに驚かれたり、中には加工したものを触っただけで、手がビリビリするといった反応をされる方がいるのですが、あるとき、いつものようにEQTでデモンストレーションをしていたら、デモンストレーションを受けてた方のお亡くなりになったお父さんが出てきてしまったんですよ。

お父さんは生前は尺八の先生だったんです。EQTの楽曲のBGMに尺八が出てくるので、それにかぶさったのか、お父さんが出てきて、それ以降、隊列を組んでご先祖がズラーッと出てきて、楽曲が終わるまで、その方はずっと涙を流してたんです。こちらとしては何が起きているのかわからないけれども、とにかくむせび泣いている。

ちょっと落ち着いたときに「どうなさいました」と聞いたら、「実は父と先祖がズラーッと出てきて、よく来たね。もういいんだよと言われたんです」と言ってました。

実はこの人は電磁波障害に苦しんでいて、いろんな症状があちこちに出ていたんですが、

「やっとEQTに出会えた」ということで愛用してもらっています。

「稀にそういうことがありますね」じゃなくて、かなりの確率でこういったことが起きていて、最近は2～3割に達し出しているんです。言いたいのは、先に感じてしまうということです。

それは非常に危険なことでもあって、霊験あらたかだったりするので、下手すると「なんとか商法」と変わらないじゃないですか。でも、決してそうじゃない。

これは量子力学であり、科学である。事実、その科学で自然物は全部つくられているという視点からしても、アプローチの違いなんです。でも、ちょっと勘違いさせる側面もある。

ただ、感じられるということはすごいことです。今まで霊験あらたかな体験をしたことがなかった人が、それを体験してしまったことでむせび泣いているわけですからね。

私が思うに、感じるか感じないかの世界にいよいよ入るけれども、それと同時に重要なのは、それが何なのかをわかっていく必要があるということです。感じて、なお、わかるプロセスをきっちりやらないといけない。

感じる人がこれからどんどん増えていきます。だからこそ、一定の水準に達する知見を統合的にあらわす学問体系が必ず必要なんです。これは流れだと思いますね。田村さんの大学も、ぜひよろしくお願いします。

田村　意識学というか、ありとあらゆる学問がそこに統合されていく感覚があります。今の医学は治せないんですね。なぜかというと、薬の名前とか、手術の仕方とか、病名とかは徹底的に大学で学んで、スペシャリストではあるけれども、狭いところでやっているからです。

今の科学、今の医学を超えて生物の問題を解決するEQT大学を!

田村　いつも例に出すんですが、新しいマンションに引っ越したら、家族が次々に健康被害に襲われた。ワンちゃんは悪性リンパ腫になり、毛が抜けて、幼い娘さんはひどいアトピーになり、奥様は2・0あった視力が短期間で0・2に落ち、ありとあらゆる不定愁訴に襲われ、不眠症になり、さらにはうつになった。

医者に行っても、「新しいところに移られてストレスじゃないでしょうか。気持ちが落ち着くお薬を出しておきます」とか、「眠れるお薬を出しておきます」と、お茶を濁される。

でも、奥様としては、絶対にそんなのではない、ここに来てから全てがおかしくなったので、必ずこの場所に問題があるに違いないと思って自分で調べたら、どうも電磁波のせいじゃないか。

そこで、電磁波測定士の方に調べてもらったけれどもそんなに高い値ではない。夕方になったので、測定士の方が帰ろうと思って測定器を片づけようとしたら非常に高い値を示していたので、もう一度、家中をはかったら、先ほどの10倍以上の値を示していたわけです。

そのマンションは、1階が駐車場で2階以上が居住スペースだったんですが、1階の天井に廊下とか玄関とか駐車場といったパブリックスペースの配線が張りめぐらされていました。夕方になってパブリックスペースのライトが一斉についたことで大電流が流れ始めて強い磁場が発生し、2階の床を貫通して家族が曝露したんですね。

電磁波には電場と磁場というものがあって、電場は鉄の構造体が建物に入っているとアースされるので大分軽減されますが、磁場はあらゆる物質を貫通するんです。

それが原因だったので、奥様は「そう言えば、夕方からいつも気分が悪くなって、夜も眠れない。でも、朝になると、ちょっと気持ちが落ち着くんです。このせいだったんですね」とおっしゃっていました。

賃貸マンションなら引っ越せばいいけれども、分譲マンションで買っていたんですね。販売会社に文句を言っても、そんなのは言いがかりだ、電力会社も日本政府も電磁波は危険じゃないと言っているじゃないかと、押し戻されるはずですが、よく聞いてみると、その方の前に2家族が同じような症状に見舞われて、すぐ出ていっていたので、向こうもわかっていたんですね。

それでお金を返してもらうことができて、別のマンションに引っ越した途端に、残念ながらワンちゃんは間に合わなかったんですが、お子さんのアトピーは急速に快方に向かい、奥様の不定愁訴、不眠症、うつも治りました。

これが今の医学で解決できるでしょうか。医学の中に環境とか電磁波という項目がないんです。だから、病気になって、その原因が、環境だったり、電磁波だったり、農業の問題だったり、食料の問題だったり、社会構造の問題だったりすると、医学の範疇《はんちゅう》外だと、もうお手上げなんです。

そういうふうに狭いところだけに問題を矮小化させて解決しようとしているから、解決できない。あらゆる学問が総結集して、いろんな角度から物事を捉えていって、これは電磁波だ、これは化学物質だ、これは天体の問題だと、分野横断的にいろんな専門家が集まっていろんな視点を結集するということをやらないといけない。今の生物の問題は、1つの学問の視点だけでは到底解決できないわけです。

だから、それをEQT大学でやりたいと思っているんですね。

miro9　ぜひやりましょう。

Chapter ⑭

ＥＱＴを持った人は、ある意味一騎当千の力、あるいは神器を手にしたのと同じにあります！

タイタニックが沈む最後で、ＥＱＴが出てきてくれた!!

田村　ＥＱＴをきっかけに、今後、どういう世界をつくっていきたいですか。

ｍｉｒｏ９　悪魔が取り仕切ってきたこれまでの人類が、ようやく整理・清算できるという感じですね。

ちょっと宗教チックな用語を使うと悪因縁、あるいは悪因果、つまり、悪いことをした分、それが原因となるので、悪い実りとなり、悪い結果が出る。

田村　もう十分に出ていますよね。

ｍｉｒｏ９　それはたまったものじゃないので、整理しないといけない。なかったことにするべく、清算する。まずは、わびる、謝罪からということです。

悪い原因があって、悪い結果が出る。因縁と言われると、ちょっとフワッとするんですけれども、原因と結果という用語にすると、突然のごとく、科学的思考のイメージが強くなるんですね。

実は原因と結果を探求することが、科学の真骨頂である。つまり、結果が出たら、必ずこれには原因がある。そのまた原因を結果としたら、この結果が出たのだから、さらなる原因がある。原因、原因、原因……と、原因をずっと探求していって、原因と結果をガチガチに紡《つむ》いでいく。原因と結果を外さないで、起きた結果を、ちゃんとその原因、原因とやっていくことが本来の科学なわけです。

再現性は、そうしていかないとあらわれない。原因と結果を紡いで、紡いで……。そういう意味では、ベースをしっかり整えて、そのベースの上からまたやっていく。このベースがもし崩れていたら、この上に積み上げたものは何もなかったと一緒です。そういう意味で、数学的証明の土台の上にコツコツコツコツ積み上げてきた再現性ある生産の現状というのはすばらしいわけです。

例えば、ジャンボジェット機は、おそらくすさまじい数のパーツでできていると思うんですが、それをちゃんと組み上げないと機体にならない。しかも、それが管制塔と絡めないと飛ばしても事故が起きる。結局、全部相互作用を及ぼし合って、全世界の空に飛ばして離着陸させているわけです。

こういうのは生半可ではできない。つまり、人間が積み上げてきた、よりいいものにしようという努力が全部つながっている。「かつてこういうものがつくられました」と言うけれども、それは「かつて」だけではなくて、それがなければ今日はないわけで、全部積み上がっている。そのように、科学というのは、一言で言うと原因と結果なんです。

原因の「因」と結果の「果」を合わせて、「因果」と言うわけです。でも、因縁とか因果という言葉は、宗教的な分野でよく使われてきました。

今の時代は、社会的ステータスがないと、ろくでもないというふうに見られがちな文化だから、科学ありきというか、エビデンスがなければ、再現性がなければ、ということがあまりにももてはやされた、１００年、50年、30年だった。特に、この30年はすごいですね。

という意味で、どっちがどうなのと言うけれども、実は両方とも違うアプローチで同じことを論じているんですね。私は思うんですが、やはり原因と結果なので、因果なんです。

物事全部、因果の中で起きていて、常に私たちは心が何かを見て、何かを聞いて、何かをかぐわしく匂い、味わい、触れて、肉の五感を通して、外在の刺激から、常に新しい因縁を生み出している。

そういう意味で悪因縁はずっと連なっているわけで、これを全部整理・清算する。火をたいて何をやっているかというと、電気をつくっている。水の高低差を使って何をやっているかというと、電気をつくっている。風車を回して電気をつくっている。原子力で電気をつくっている。バイオの力で電気をつくる。

結局、今の生活の利便性を維持・向上・発展させるためには、電気にしなければどうにもならないというところに、人類を完全に染め込んだんですね。

かつては電気がなくても十分立派にやっていたのに、それではダメだとか言って、今は電気がなければどうにもならない。電気を切ると最先端テクノロジーが一発で機能しなくなるのは、その証拠だと思います。いかにＡＩがすごいとか、スーパーコンピューターがどうだとか、通信がと言っても、電源を切ったらおしまいです。

そういう意味で、電気が全部の頂点に立ってしまっている。もちろん悪徳金融とか悪徳メディアとか、悪因縁をつかさどる大きな利権があるわけですけれども、それとて、電気を切ったらどうなるのか。電気による障害については１００年前にすでに論じられていて、このまま電気政策を続けると生物がダメになるよ、人間は生きていけなくなるよということは決着がついていたんです。

ヒーリングでは間に合わない！　みんなでやると楽しい！　ぜひＥＱＴ遠足を‼

田村　僕が調べた限りでは、１９７０年初頭には、人類は電気とどう向き合うかという決着が完全についていた。電磁波をこれ以上受けたら、もう立ちゆかない。だから、各国家主権が電気と共に生活水準をどう保つか、電気とどう向き合うかについては、電磁波を見逃しにするわけにはいかないということです。

ところが、それが「たが」が外れてしまった。いやいや、電気はこれからだという方向に一挙に向けた事件が歴史的に起きているんです。そこからの電気受容は、けたたましいものがあります。

これは私の持論ですが、アメリカが金融の基軸になることで金《きん》との兌換制を取り払い、無尽蔵にドル紙幣を刷ることで悪魔勢力が地球乗っ取りの足場をつくったわけです。それまでは悪魔側としても、まだ具体的な主権がなかった。

ルドルフ・シュタイナーは、１９２４年にすでに言っていたし、第一次世界大戦、第二次世界大戦を超えて、１９６０年代には決着がついていてレポートも出ていました。そのころまでは、まだ道徳が地球上にあって、メディアが国家主権の闇を暴くということを当たり前にやっていたわけで、ウオーターゲート事件は、まさにその1例です。

この100年、こんなふうにして推移してきて、電気のことについては、基準値はこの辺でいいんじゃないのと、まやかしにされてしまった。その結果、今、最後の局面になっているわけです。

神一厘の仕組みとしては、悪徳電気があってよかったねというアプローチが真側《まこと》から何か出てくるはずで、EQTは、たぶんその一助を担うんじゃないかと思っています。

これは、彼らのおかげでと言わなきゃいけない。彼らと別に私たちのものがあって、私たちのインフラが整えばいいと言うのではなくて、彼らのインフラでそれができる。

私も波動機器をいろいろ使っているんですが、その中にドイツ製の環境調整装置というのがあって、ある周波数を放射して、電磁波とかジオパシックストレスによって乱れた生体の気の流れを元に戻して整えるわけです。

30センチ四方ぐらいの大きさの装置で、その有効範囲は半径30メートル、直径60メートルなので、ビル全体をカバーするぐらいだったんですが、2010年ごろに調べたら有効範囲が半分になっていて、つい最近調べたら半径9メートルになっていたんです。

これは何を意味するかというと、その装置のパワーでは対処できないぐらい、環境ストレス負荷が強くなりすぎてしまったということです。だから、昔やっていた対策では間に合わないんです。電磁波防御シールとかペンダントではダメで、もとから断たないと間に合わない。

実は、人間はしぶといというか、ある意味、鈍くて、動植物のほうが電磁波の影響を先に受けてしまうんです。先ほどのマンションの例でも、先に異変があらわれたのはワンちゃんで、次が人間でした。人間でも、大人より子ども、男性より女性のほうが先に環境の影響を強く受けます。

動植物の姿は、未来の人間の姿です。動植物がこれだけ大量絶滅を起こしているということは、やがて人間にも起きるというか、もう十分に降りかかってきているし、もう手遅れ感が満載です。

でも、タイタニックが沈む最後の最後でEQTが出てきて、船を元に戻してくれるんです。EQTを持った人は、ある意味、一騎当千の力を得ます。ヒーリングとかでは間に合わないものでも、ポチポチ押していけばいい。1個のインフラを加工することによって、一体何万人の人が恩恵を受けるのか。人だけではなくて動植物も含めてと考えると、1回ポチッと押す行為が、いかにすごいことをやっているのか。ある意味、神器を手にしたようなものなので、喜び勇んで、日々やってほしいと思います。

miro9　地味ですけどね。

田村　みんなでやると楽しいので、ぜひ各地でEQT遠足をやっていただけるといいかなと思います。私たちがやったときは、みんな童心に返って、喜々としてやっていたので、やってよかったなと思いました。

科学は原因と結果だとおっしゃいましたが、まさにそのとおりで、科学的アプローチを説明知として持っていなければいけないと思うんです。今までの科学はどうだったかというと、中途半端で、完全に因果を追い切れてないというか、あえて追わなかったんでしょうね。

今の医学の対症療法もまさにそのとおりで、出た症状は消してくれるけれども、なぜその症状が出たのかというところは見ないから、結局、モグラ叩きに終始していて、叩くとしばらくは引っ込むけれども、ほとぼりが冷めたら出てくる。

それを再発と言っていて、別の穴から出てくると転移と言っているわけです。でも、モグラは退治していないので、永遠に叩き続けなければいけない。

本当に原因を追求するのだったら、最終的には地球環境の状態に病気の原因があることを追求できるはずなのに、ここまでということであえて遮断しているのが、今の科学のありようだと思っています。

最終的にどこまで原因と結果、因果をさかのぼれるかということでしょうね。ある意味、中途半端なところで終わらせていた。本当の巨悪には目を向けないで、気づいた人たちには、電磁波は確かに危険だから、このペンダントをつけていればいいんだよというところで止まっていてねということです。

日本がなぜ100ボルトなのか、それによってどういう被害が生じているのかというところは触れてほしくないので、浅瀬のところで止めるために、あえて小出しにしているという戦略かなと思いたくなるほど、本質に全然手を突っ込まない。

電磁波問題のみならず、各分野にそういう構図があるんじゃないかと思いますね。

ｍｉｒｏ９　まずは、この大峠を、という感じですね。

田村　いよいよですよね。

Part V

高次元では、
時間と空間がない！
思ったことが
そのまま形になる⁉

Chapter ⑮

魂を高く成長させ、意識を高く維持することですばらしい世界が生まれる!?

ヘンな意識になるとヘンな結果が瞬時に出てきてしまって、それがループする!?

田村　ＥＱＴをリリースする日とかいろんなところで、数が重視されているように見受けられるんですが、数理を重視されている理由とか背景があったら教えてください。

ｍｉｒｏ９　20から30、30から40、そして開発を決意する２０１２年7月31日、開発に至るまでの準備時代というか、自分の学びの期間中に到達した柱の１つが数理なんです。

数理とは何かと聞かれて、自分がこだわっている答え方の１つに、数理というのは数《かず》と理《ことわり》と書くわけですが、数という言葉があらわす概念は、実は実体ということなんですね。

実体とは、３次元界、つまり3次元フィールド、我々の地球生命圏です。私たちの肉体感覚は、ここに生まれてきたと、今なお疑わず、事実、それはそうだと思って生きているわけです。肉体が死ぬと、人生が終わると言っているぐらいですからね。

地球でオギャーと産声を上げて、今生をスタートして、生活感情がいろいろ積み重なって、いろんな知見をたどっていく。いいとか悪いとか、つらいとかうれしいとか、喜怒哀楽、いろいろやるわけですね。そういう意味の実体があって、人間である。人間生活をしているわけで、地上生活をしているわけです。つまり実体というのは3次元なんですね。ちゃんと3Dになっている。

この実体にはいろんな要素があるけれども、いくら要件定義をしても、数字をもたらさない限り、その要件が全部飛んでしまうんです。

田村 なるほど。実体化しないというか、具体化しないということですね。

miro9 例えば、今日の対談、目的は何で、キャストは誰と誰で、やる場所はどこか。こういうふうに要件定義をします。ところが、「いつ」がないと、今日集まってないんです。

要件定義があって、目的まで決まっていた。つまり、実世界において質量ともにちゃんとしたものに仕上げようとしているのに、「いつ」という時間を設定しないと、全部の要件が、あったようでないんです。

つまり、3次元には時間という軸が存在しないのにもかかわらず、4次元にある時間という概念に支配されている。4が3を演出しているということです。

3次元というのはX（横）、Y（高さ）、Z（奥行き）がちゃんと位置を持ってあらわれる世界なんです。

どう見ても、実体的軸は3本しか交差できない。4というのは3の中にはないけれども、時空という概念を用いてやらないと、3があらわれない。実は、4を通して3がドーンと出てきているんです。

4を超えた世界、5以上12まである次元になると、逆に時空概念が徐々に薄らいで、一番高次元では時間、空間がないんです。

思ったことがそのまま形になってしまう。高い意識になったら、高い意識の結果をすぐ生み出せるけれども、低い意識だったら低い結果が出てしまうんです。

つまり、思ったことが制限なく物質化してしまう。

物質がないわけではないけれども、地上のような3次元物質的観念が生まれないんです。あやふやで、フワッとしている。思ったことが全てになるので、魂高く成長させ、意識高く維持できるようにならないと、すばらしい世界を出せないということです。

変な意識になると変な結果が瞬時に出てきてしまって、それがループする。ところが、3次元世界は、つくり変えるとか修理するとか、やり直しがきくわけです。

それぐらい違う世界で、その狭間にあるのが4です。この4は、地球上の多くの民衆の捉え方としては、まだ線形的時間観念しか描けてないんです。

タイムスケジュール管理みたいなことはみんなわかるようになってきました。今日を中心に過去と未来を線にして、過去、何年何月にどういうことがあったと時系列で思い出して記載していくと、事件簿、歴史が描けるし、未来は何をしようかと予定を組むことができます。というふうに、線でしか時間を描いてないわけです。

ところが、そんな線は3次元の中でどこにもありません。時間はどこにでもあるんです。

つまり、数理です。数理が、物質を物質らしくあらわしているわけです。

音霊、言霊、色霊、数霊が物質世界をつかさどっている!?

miro9　物質世界をつかさどっているのは何かというと、音霊《おとだま》、言霊《ことだま》、色霊《いろだま》、数霊《かずたま》ですが、数霊の占める割合は大きいと、私は言いたいわけです。

もちろん4つとも全部必要で、イーブンパーと言ってもいいんですが、3次元の演出という目的からすると、数理がないと全部があやふやになる。

数理という言葉の意味ですが、「数《すう》」は実体をあらわし、「理」はまさにことわりですから、その実体がどのように機能するかを説明するものだということになります。私はそういう定義を持っています。

だから、数理を気にしないで3次元生活をよくすることはないということです。数理を気にして、数理にこだわりを持ち、数理的に物事を見る。かといって、複雑な数学の話ではありません。

単純に言うと、1から9までとゼロの10個しかないんです。

つまり、「ひと　ふた　み　よ　いつ　むゆ　なな　や　ここの　たる」となっていて、それ以上は「ももち　よろず」。このように1から9までの数理を大切に見るわけです。「ひふみ神示」は、すごい示唆を与えてくれているわけです。これはアイウであり、イロハであるとも言ってます。

「ひと　ふた　み」で大きな1、「よ　いつ　むゆ」で大きな2、「なな　や　ここの」で大きな3なんです。大きな「ひと　ふた　み」、そして、大きな「よ」と入るとき、「たる」、11、12と来るわけです。だから、12次元ということになります。

なぜ12なのか、その中心がゼロ点だから、同時にそれが13なわけです。というように、基礎としての10までと、11、12、13まで、完成された13数が出てこないと、実は宇宙はどうしても立ちゆかないというふうに哲学した時期があるわけです。そういうふうに哲学して、私なりに、「これだ！」となったんです。

その根拠については、私なりに説明することはできるけれども、学術論文にしたりして世の中に問うてないし、当分やるつもりはない。でも、私の中で自己完結しているんですよ。

私の中では宇宙は13次元ある。

中心点にコンパスの針を当てて360度回すと円ができる。これを立体にすると球になる。これを拡大しようが狭めようが、幾何学的に完成した球の中に全てが入るわけです。つまり、点を拡大すれば球だし、それを縮小すれば点、つまり、無、ゼロなんです。ゼロ、12です。つまり、360度。

この数理で全ての実体が説明できるようになっているというふうに、ガチャコンと入ってしまったんです。だから、私はミロク（369）の男で、3と6と9をこよなく愛するわけです。

「ひと　ふた　み」の3、「よ　いつ　むゆ」の6、「なな　や　ここの」の9。

実は、何とこれをテスラさんが愛していたみたいですね。政木和三先生（発明家）も愛していた。節目節目で、そういう知の巨人たちは、数理をとことん駆使していました。彼らも与えられたと思うんですね。そういう先達たちの数理に対するひらめきなり知見がなければ、今回のものはできていません。3と6と9を絶妙に組み合わせない限り、万象源力、テレポーテーションは起きないんです。

田村　そこは秘密のところなんですね。3、6、9の仕組みを使っている。数理を学び、極めないとわからないというところでしょうね。

ｍｉｒｏ９　逆に言うと、そぎ落として、そぎ落として、そぎ落として、最後はこれだけで全部ができていると言っていいぐらいです。

いろんな作用機序、いろんな力が働いているんだけど、それを数学的証明に基づいて全部割り出していくと、最後は4つの力だと。

だけど、私が言いたいのは、4つの力だとて、最終的・根源的な力がなければないんですから、ということは、やはり1つの力だからだと。

私は、4つの力の統合と言っています。式が出てこないから、いろいろと呻吟《しんぎん》していますが、リアリティーは、調和しないと意味ないから、万物の理論が完成するとか言って喜んでないで、とっとと全体を調和させてやったらどうかなと思ってます。

田村　ある意味、シンプルと言えばシンプルですよね。

ｍｉｒｏ９　そうなんですよ。最後はシンプル。

複雑多難に見せるのは刺激があっていいけれども、刺激を通して学び始めて極めて行けば、行くほど、実はシンプルだから、最後は動揺しなくなっちゃうということですね。刺激は楽しいけど、刺激は刺激で、刺激以上のものはない。

田村 ＥＱＴを極めていく上でも、数理に対する知見というか、学びが必要だと。

ｍｉｒｏ９ わかった分だけ、神意識に近くなると思います。

田村 そういうところの教育も必要ですよね。

ｍｉｒｏ９ そうです。いくらかアプローチがあるんです。

田村 そこはｍｉｒｏ９さんの真骨頂のところで。

ｍｉｒｏ９ じゃ、私が講師ということで。

田村 それはもちろん。

でも、次元認識というか、それをしないと、12次元、13次元までの大調和の仕組み、それが数理に基づき、複雑なようでシンプルな宇宙の構造というか、理というか、ワクワクしますよね。

ｍｉｒｏ９ 悪魔によって隠蔽されていたそれを知らせてしまったら、人間のポテンシャルは高いから、地球を乗っ取れないんですよ。

田村 だから、そこは最後まで秘匿したいところなんですね。

ｍｉｒｏ９ いかに隠蔽するか、それが成功裏に進んできたので、今の人類はお花畑なわけです。つまり、そういうことを知らされてない。

本当のことを知らせる先人たちもいたけれども、みんな潰されてきた。

田村　一番肝心なところは隠して、あとはうやむやにして薄く広めて。

miro9　専門的に突っ込んでやればやるほど、カオスとなって、入り乱れて自滅していくことを目論んだということですね。

田村　そこもはかりごとだったということですね。

miro9　はかりごとですよ。その手のことまで含めて、EQTは入口です。

EQTを通して、これから多くの人々に学びや気づきを得てもらいたいです。特に、体幹が整う中でとんでもない出来事が起きてきますから、これはおもしろいというノリで、利用者の輪を広げつつ、それをきっかけとして、真意はこうであると、学びのステータスを徐々に上げていっていただいて、最後は、数理まで含めて、何だ、こんなことだったのかと気づいて、みんなが真人《まことびと》になっていただくという目論みですね。

田村　すばらしいと思います。まさかEQTからそこまで行くとは、多くの方はまだ気がついてないと思うんですけどね。

EQTは「最古と最新を結ぶ」つまり「立て替え」をやっているのです！

田村　私は古神道をずっと学んでいて、今おっしゃったように、音霊、色霊、言霊、型霊、いろいろあるんだけど、やはり数霊が最高奥義とされていて、これはなかなか教えてもらえないんですよ。なので、そこは一番興味があるところです。

「ひと　ふた　み　よ　いつ　むゆ　なな　や」という数が出てきたときに、オーッと思ったのは、ふだん、修行の中でやっているんですよ。

らせん運動を体の中で起こすんですが、そのときに、ここはたぶん先生から怒られるので本には載せられないと思いますが、「ひと〜ふた〜み〜よ〜いつ〜むゆ〜なな〜や〜この〜たり〜」とやって、最後に縦の回転運動をして、「ももちよろず〜」で丹田《たんでん》におさめていくというわざがあるんですね。

それをやることで、ある意味、宇宙と一体になるという行法です。それがEQTに入っていたので、たまげましたね。ここに出てくるかと思って。

ｍｉｒｏ９　先達の方々は、ずっと口伝でそういう行法を真心込めて細々と伝達してくださっているのに、こんなにカジュアルになっちゃって、ゲーム性を持たせて、ポイントが当たったとか、俗的なアプローチから入っているけれども、実は肝心なことをシラーッとやっているんですよ。

田村　シラーッとやっているところがすごい。キャラも音楽もかわいいしね。

でも、その中に肝心なことを忍び込ませてある。

ｍｉｒｏ９ その世界がわかるために長年かけて修行している人たちもいるのに、これでもう体感できてますよみたいなね。

田村 こんなのありかよというのはちょっとあります。でも、もうこういう時代かみたいなところもある。

何十年も修行した先につかむということもアナログの世界ではあって、それはそれとして私はやっているんですけれども、撮影してピッで一瞬でというのは、そういう先生方からすると、ふざけんなと言われるところですよね。

ｍｉｒｏ９ ＥＱＴは、「最古と最新を結ぶ」というコンセプトが1つあるんです。つまり、かつて立て替えがあって、人類はずっとやってきた。今、この人類を閉じて、立て替えて、新しいステージの人類に入る。ＥＱＴは、このことをやっているわけです。

最古という原因と、今まで積み重ねてきた善なる因縁も悪徳因縁も、時が来たので一旦結びますよと。この立て替えを中心に、次のスタートの始まりを、今つくっているわけですね。

始まりは、実は終わりの日を予定している。この人類の結びも目論んでいる。

こういう哲学はもう終わったので、こういうことを何度もやって無限進化していく。そういうことが地上で解かれた、メカニズム的にわかったということです。

このように小さな集まりとはいえ、説明が地上で堂々とされ出している。

田村 それはすごいことですよね。

miro9 これがすばらしいですよね。今まではそこは比喩やたとえや暗示や、わかるようなわからないような、悟りたいやつは来ればいいみたいになっていたんですけれども、そうじゃなくて、一般大衆に向けて「こういうことだったんですよ」とシラーッと言える。

先人たちのさまざまな苦労が実ってこのときを迎えたと、私は思いますね。

田村 そういう意味では、いい時代に生まれたのかもしれません。厳しい時代ではありますけど。何で立て替えのときを選んで生まれてきたのか、わざわざ苦労しに来たのかと思うこともあるけれども、探求者魂を持っている人にとっては、隠されてきたものが表に出てきて、いろんなことがわかってきて、こんなおもしろい時代はないというところでしょうね。

Chapter ⑯

自然と100％等価になっている人「神人一体」レベルの人がこの地球にいるのです!?

善悪抱き合わせる日本の文化で「大峠」をお迎えする!?

田村　ｍｉｒｏ９さんは、量子力学とか、見えない世界とかを、どういうふうにして勉強してこられたんですか。

ｍｉｒｏ９　私は、意外と広くて浅いんですよ。

田村　専門的に追求してきたわけではなくて、網羅的にいろいろと。

ｍｉｒｏ９　そうですね。ただ、今振り返ると、なぜだか、一般大衆には迎合しないということだけは、幼少期から決めてきているんですよ。

世の中の人が休みは観光地にとかいうのはイヤで、世の中が休んでないウイークデーを休みとし、観光地に行くならすいているときに行きたいとか、あまのじゃくなんです。私にとっては、そうでないとおもしろくない気がする。

ですから、これは天性だったのかもしれないけれども、アプローチを全部あべこべにしてきているんですね。

例えば、異次元、多次元があると言われると、普通だと、それはまだ証明されてないじゃないかとか、どうやってそれはわかるようになるんだとか、みんなが言ってないじゃないかとなるけど、そうではなく、あると言っているので、まず、あるんじゃないのと。あると思った上で考えるのがいいんですよ。

懐かしい話になりますけれども、神はいるか、いないかと議論した時代がありました。ほとんどの人は、神はいない前提で生きているんですね。「どっちだと思う？」と聞くと、「いてほしい」とか、「自分はいると信じているけどね」と答えるので、「いなくてもいいの」と聞くと、いる、いないのリアリティーは判定できない人が圧倒多数なんです。いてほしいという淡い期待というか、おぼろげなものはあるけれども、それはいないと言っているに等しいんですよ。私が聞きたいのは、いるのかいないのかということなんですが、いるならいる、いないならいない、どっちなのかというアンケート調査に対して、圧倒的多数があいまいなんです。下手すると、いないと言って平気で暮らしている。いらっしゃるならいらっしゃるで、その人のことをちゃんと考えて暮らさないとダメじゃないですかと、私が突っ込むと、「そう思ってないから」と言うわけです。つまり、神なき生活が平気でできているわけです。

するとと、私のあまのじゃくが働いて、いるという生活をしてみるとどうなるか。神がいるという視点から物事を考えてみる、捉えてみる。そういう大衆がしないことをしたいという思いが湧いてくるんです。

田村　それは私とまったく同じです。

ｍｉｒｏ９　先生、どう見ても、同じにおいがしますよ。

田村　僕はあまのじゃくで、多くの人が言っていることは信じないし、常識は信じない。

ｍｉｒｏ９　自動的に常識を疑える何かがありますものね。

田村　常識と言われているものは、何か意図があるんじゃないかとか、誰がつくった常識なのかとか、その上を考えるんですね。

誰がこの科学を、どういう意図でつくったのかというところに関心があるのであって、科学の中身はあまり関心がない。

そういうのがずっとあって、常識は必ず否定する。

ｍｉｒｏ９　よくある話とはいえ、結局、そういう魂のあり方が優先してしまっているので、自然にそれができていたと言えばできていたわけです。

だから、もちろん住みにくい星でしたね。だって、周りはみんな違うことを言っているんだから、仲間がなかなか見つからなくて淋しい思いはしますよね。

だけど、どっちかというとそっちのほうがやっていて清々しいわけですよ。大衆が認めてないから、根拠なんて求められないのに、自分の中には根拠がドカーンと座っていて、「今に見てろよ、必ずわかる日が来る」とか平気で思っているんです。

晩年になろうが、人生どうなるかはわからないけど、絶対にそっちのほうだと、何か動かないものが腹に据わっている。

そういう視点から見るので、例えば次元についても、次元ありきから物事を見出しているので、次元を証明する手立ては世の中に少ないとはいえ、同じような趣で手がけている人がいるわけですよ。

それを広く浅く情報収集すると、ヒントがすごいです。その方々は専門で、本当にマジでやっていますからね。こっちは不真面目ですが、差し込もうとしている方向性は一緒なので、ものすごい示唆になります。その示唆を点として線に結んでいくと、勝手な論理ができてくる。

ある段階で、私は思ったんですよ。13次元があるのはわかった。12次元が有で、無の次元がゼロと考えると、無が有になった。これは直感的に当たっている。それで行こう。

そして、追いかけるべき対象は12人だということを考え出したんですね。この時代に自然界、宇宙と100％等価になっている人間が最低12人、できれば真ん中に1人いて、13人が形成されてないと宇宙は存在できてないはずだ。こう設定できたんです。

だから、実際、13人の追っかけをやっているんです。

田村　前にチラッとお聞きしましたけど。

miro9　普通だったら、そんな発想は浮かばないでしょうし、追っかけなんかしない。でも、私は、事実、追っかけをやっていて、今は4人目に会っちゃいましたからね。スケジュールとしては、5、6、7、8、9と、これからも会うべき人に会いたいと思っています。自然界と100％等価になっている人が、最低でもコア13人。

コア13人ということは、それに基づいて、実は何千人といらっしゃるんですよ。相当なレベルに達しているマスター級の人々が、その時代時代の地球に必ずいらっしゃる。

その方々は、少数なのに、宇宙、地球のバランスをとどめるべく、捧げ切った生活をしているわけです。公的生活というやつですね。

その方々は、私たちと同じ肉体を持っているから、見た目は人間に違いないけれども、中身は人間とはとても思えない。到達している知見や哲学、立ち居振る舞いが一流なわけです。

いろんな姿形を持って世の中に出てきて対人関係をつくっていくんですが、共通して言えるのは、自然界と100％一体化しているので、自然界と同じ態度をとっているということです。

そして、肝心なことは絶対にダイレクトに言葉に出さず、必ず比喩やたとえや暗示でしか示さないんです。そういうのを探求してきてわかりつつある人たちに接触すると、ちょっとひけらかしてくれるけれども、ほとんどが比喩やたとえです。

お付きの人たちは比喩やたとえを鵜呑《うの》みにするので、全然違うことを言ってくるんですが、探求してきた私からすると、「あっ、来た。ここは比喩だ。ここは暗示だ。はい、はい、はい」。こういうふうにやりとりができる。

実は私はそういうことが趣味なんです。

田村　すごいオタクですね。

miro9　オタクなんですよ。ほとんど仲間なし。

こういうタイミングに合わせて、大峠に必要なツールを世に出す。

しかも、日本からじゃないといけない。もっと言えば、舞台は日本である。

地球上にはいろんな文化文明があるようで、ほとんどは善悪闘争で潰し合いの文化で、善悪抱きまいらせるという文化は日本民族の一部の方々だけなんです。

つまり、80億人いても、実は人類は少なくて、ほとんどは獣です。こういう構図も、これから明らかになってくると思います。

「大日月地神示」には、その辺もことも含めて肝心なことが全部出ていますから、たぶんこれは世界のバイブルになると思います。その辺もEQTと絡めて非常に楽しみにしています。

田村　先がますます楽しみですね。

真の愛、1つの仕組みで全宇宙を生み出す「ファインチューニング」こそが全てです！

田村　ちょっと派生的な質問ですが、ほかの波動機器とEQTの違いは何でしょうか。

miro9　さっきもキーワードがちょっと出ましたが、ほかはかなり局所的にアプローチしていくものです。もちろん全体にできないことはないでしょうが、極めて局所的です。

波動機器を体を癒すとかメンテナンスするための医療機器として認めている国、まだ認めてない国、いろいろあると思いますが、実はほとんどが西洋医学的アプローチです。

でも、EQTは、まさに統合医療的アプローチなんです。

まず、最適化してバランスをとるということをビシッとやる。

すると、枝葉末節がうまくいくかもねというアプローチです。

一般的な波動機器は、身体全体を波動測定してと言うので全体と言えば全体ですが、例えば電磁波を何とかしましょうとか、どちらかというと局所的なところにアプローチしていくわけです。

ＥＱＴのような発想ではなく、そもそもの動機が局所的なところが何とかならないかというところから始まっているんじゃないかと言いたくなります。

私の場合は、ファインチューニングに魅せられたというのが全てなんです。

真の愛、１つの仕組みで、全宇宙を生み出している。

いろんなものを生み出したけれども、えこひいきして、こっちはすごい愛情を傾けて、こっちは愛情を傾けなかった。愛情を傾けてない結果が微生物ですと言われたら、ちょっとずっこけちゃいますよね。

全てに、等しく、真を注いでいる。１つずつ役割があって、どれもほかには変えられない。つまり、大調和しない限り、うまくいかない。そういう意味において、真が個々あらわれた、あらわれ方の違いです。

そういう意味で差異があるとも言えるけれども、差異があると思いきや、差異がないというふうに、絶妙なんです。

こういうことは、西洋的アプローチからはなかなか見えてこないです。

田村 ないですね。私もそれなりにドイツの波動医学に親しんできて、ヨーロッパでは医療機器として認定されて数千カ所のクリニックとか治療院で使われているんですが、どの波動医療機器を見ても同じだなという感じで、体をスキャンしてサーチして、気の流れ、周波数が乱れているところを調べて、正常な周波数を浴びせて元に戻す。

では、波動医学で全部が治るかというと、まったく治らなかったりする。

それは、今おっしゃったように、局所的で、本当の意味の原因療法になってないからです。川の上流までさかのぼっていって、根源的な問題だとかズレまでは到達していない。限定的に、体が乱れていますね、原因は電磁波ですね、周波数を調整しておきましょうとなっても、発生源には全然さわらない。

社会構造として電気を基準とした文明をつくっているというところには、もちろんアプローチしようもないし、さわらないわけですから、それを原因療法と言えるだろうか。

私からすると、対症療法よりは少しましですが、大きく言えば対症療法にまだとどまっている。

根源の、もとのもとの創造の力だったり調和の力というところまで行かないと、本当の意味の原因療法にはならないわけで、ずいぶん手前でとどまっているなというイメージです。

ＥＱＴは「医学・健康学４・０」のツールだなと、しみじみ感じます。

薬機法とかもあるので、そういう表現はなかなか難しいでしょうが。

ｍｉｒｏ９　結構近い時期に、薬機法もなし崩し的に変わってくると思いますが、もうしばらくは薬機法に包まれながら、粛々と。

ｍｉｒｏ９さんが考える高次元とは、どのような世界か

田村　ｍｉｒｏ９さんが考える高次元は、どのような世界でしょうか。次元認識のいろんな教育を今からやっていかれると思うんですが、３次元、４次元はわかった、じゃ、５次元以上はどうなっているんだろうかと、細かく知りたい方もいらっしゃると思うんですね。

ｍｉｒｏ９　それは次元認識講座でやっていますので、そこで。

田村　請うご期待ですね。

ｍｉｒｏ９　ＥＱＴを手に入れると、そういうことまで学べるのがすごいですね。

そこをきっかけとして皆様をという感じですね。

異次元、多重次元を関連付けないといけないのに、なぜデジタルビットのアプリで、しかも対象物を撮影しただけで、影響を与えられるのか。これはどういうことなのか。これこそが、真神科学《まことしんかがく》なんです。結果として異次元を3次元で体感できることを通して異次元を知っていこうというわけです。

それこそが、ＥＱＴ（Experience of Quantum Teleportation）と名前をつけた直球そのままなんですね。

人類はようやく異次元の入口に立ったわけだから、早く元の状態に戻すべく、異次元、多次元に慣れ親しみ、それらが3次元生活の主流になっていくようにしていこうということですので、これからが本当に楽しみです。

田村　楽しみですね。

Chapter ⑰

神遊びの道具としてEQTで、創造の遊びをしよう！

「時間のマジックにかけられている」ことがわかれば3次元が楽しくてしかたなくなる!?

田村　ｍｉｒｏ9さんにとって、時間とはどういうものなのか。時間について、何かおっしゃっていただけることはありますか。

ｍｉｒｏ9　我々は時間にだまされています。

時間というのは、我々が今考えているようなやわなものではないんです。先ほどもちょっと言及しましたが、時間4が3の世界を3らしくつかさどっています。

私たちが今捉えている時間概念は、非常に平面的、表面的であり、一部の側面だけです。

時間というよりは、数理です。

何月何日何時何分何秒という時間は、実は数字のことなんです。そういう意味において、数理が、つまり数が実体界を強力に演出しているので、そこも次元認識の大きなフィルターになっています。

そこも、今後、やろうと思っているんです。

田村 おもしろそうですね。

miro9 すばらしく楽しいところです。

実は私は内部のメンバーには、「時間のマジックにかけられている」と言っているんですが、時間のマジックの意味がわかり、マジックをかけられるようになると、3次元が楽しくてしようがなくなるはずなんです。

なぜなら、時間を通して3の世界をやっているからです。

だから、我々は、物事の捉え方、考え方、見つめ方を、常に「いつ」と言っているんです。

田村 ある意味、とらわれているというか、縛られているというか。

miro9 「いつ」が、すっきり爽やかに落としどころとして、位置をあらわす鍵なんです。

物質を物質として、どこに、どれだけの量、どれだけの質で、どう形づくるのかという話ですが、「いつ」がなければ、それがならない。

田村　具現化しないということですね。

ｍｉｒｏ９　ところが、５次元以上は「いつ」がないんです。時のない世界と、時のある世界、時と４を通して、異次元、多次元が時間を通して反転して、ドーンと時間のない世界に入っている。

そういうイメージをお互いに共有していくプロセスをいくらかのアプローチでやっていくと、そっちのほうがだんだんリアリティーが出てきたねと。

もっと言うと、そうでないとおもしろくないねと。

田村　時間認識というか、時間をどう捉えるかというのはすごく興味のある分野で、私も昔から時というものに異常な興味を覚えていたんですね。

ＳＦが好きだという話をしましたが、特に、タイムマシンとか、過去にさかのぼったタイムパラドックスとか、時間をいじくらないように監視している時間警察とか、時間を扱ったＳＦが異常に好きなんですね。

私が私淑している肥田春充という方がいた。この方は体幹を古今東西世界一極めた人だと私は思っています。例えば、大きな岩をこよりでピュッと持ち上げたり、一般的には超能力と言われる分野を全て発現した超人なんです。

神道も、極めていくと重力を超えるという段階が出てくるんですね。

もちろん私はそんなレベルには全然至ってなくて、その手前なんですが、重力を超えると、予言とか予知とか透視とか、全て体現できる。

彼は『宇宙倫理の書』というのを書いていて、その中で、時間には球体の時間とか何種類もあるとか、いろんな時間概念みたいなものを示してくれて、おもしろいなと思いました。

私は、30代のころ、かなりシャーマニックな修行を10年間していた時期があったんですね。今では禁止になってしまったようなこともその当時は大丈夫で、それをやって、通常の意識とはまったく異なる変性意識状態というモードを探求していくというようなことをやっていたんです。

ワークをやっているときに、師匠から、こういうことをやりなさいと指示が出るんですが、その中に「時間を止めなさい」という指示があったんです。

普通だったら、そんなことできるのと思うけれども、その場にいると、なぜかできるという感覚になって、実際、時間が止まるんですね。

外はどうなっているかわからないけれども、少なくともその会場では止まる。要は、思考の動きが時間をつくっているということで、まったく空《くう》の状態になると、一瞬ですが、止まった感覚があって、また動き始める。

EQTは一人一人の定義で無限大に活用できるツールとなる！

田村　そういうことをやっていた時代の話ですが、品川駅で新幹線の上りと下りを乗り間違えたことがあったんです。まだサラリーマン時代で、東京でセミナーをやって日曜日の夜に帰るときに、時間ぎりぎりだったので慌てて乗り込んだら、反対方向に行く新幹線だった。

重たい荷物を持って階段を上りおりして、100メートルほど先のホームに行って乗り換えるにはダッシュしても3、4分かかる。同時刻に発車だったので、どう考えても間に合わない。

そこで、日々修行していた時間を止めるというのをやったら、何と間に合ったんです。本当に時間を止められたかどうかはわからないけれども、自分では止まったという感覚があった。

武道では、相手と距離が離れていても一瞬で時間を飛ばして相手に近づく縮地法というわざがあるんですが、そういうことがたまたまできたこともあったりしたので、時間に異常なくらい興味があるんですよ。

だから、時間を極めたいというか、超えたいという欲求がすごくあるので、次元認識プログラムないしは時間とか数理については私自身も興味があって、ぜひ学ばせていただきたいと思っているところです。

miro9 ありがとうございます。私も概念をちょっとさわり始めたところなんですが、そういうことじゃないと説明できないことが結構多いんですね。なので、次元認識というのは開かれた真実の柱になっていくと思います。

田村 こんなことをやっていると、生徒さんの中でも、タイムパラドックスとか、明らかに前に経験したことがまた起こるとか、そういうことを経験し出している人が結構出てきているんですね。

だから、時間は線形的ではないという概念を持って、最初は知識レベルだけど、そこがだんだん身体感覚としてできてくると、過去から未来に行ったり、未来から過去に行ったり、別のタイムラインに行ったりということも普通にできるんじゃないかと思っているんですね。ピッと押すと、別次元に行けたりすると楽しいですけどね。別のタイムラインに行ったり、過去に行ったり未来に行ったり、SF的なところまで、もしかしたら行けちゃうんじゃないかと、妄想をたくましくしています。

謎というのがすごくおもしろくて、肝心なところは、ほのめかしてはいただけるんだけど、明かしていただけないというところが、ある意味、妄想をたくましくするというか、自分がいろいろ自由に色をつけられるところもあって、それが楽しい。

逆に全部明かされると、ちょっと興ざめなところもありますよね。何でもそうじゃないですか。やっぱりわからないというところがそそる。異性でも、謎めいたところとか、そこまでしか見せてくれないのというところが、かえって探究心をそそる。

そういう意味で、ＥＱＴは、あり方というか、見せ方がうまいなあというところもあり、わからないところを楽しむというか、謎を楽しむというか、妄想を膨らませて、一人一人のＥＱＴをつくればいいと思っているんですね。

こうですよと決められた定義ではなくて、一人一人のＥＱＴ像をつくっていけばいいかなと。神遊びの道具として、創造の遊びをする、すごくおもしろい、最高のおもちゃを見つけたという感じもあります。楽しい未来が待ち受けている予感がします。

Chapter ⑱

古武道の奥義「体幹」をコブチェックするメソッド！

なぜO－リングでなくてコブチェックにしたのか!?

miro9　なぜO－リングではなくてコブチェックにしたのか。なぜキネシオロジー的筋反射のスタイルをとらなかったのか。

我々がコブチェックと勝手に名前をつけたバランスチェックは、古武道、古武術の世界で古くから行われていた、体づくり、心づくり、心身のバランス、心身の鍛錬度をはかる方法です。それが現代でも古武道、古武術をたしなむ方や、スポーツの世界で細々と伝わっていて、今は同業他社が商品販売のデモンストレーションとして使っているわけです。

O－リングは、プロフェッショナル向きで、極めていくとかなり奥が深くてセンシティブな計測ツールなので、潜在意識も含めて細かいことがわかります。そのかわり、ハイレベルなだけに、人によってばらつきが大きいわけです。

そこで、みんなができるもので、粗い作業だけれども、肝心なことがわかる方法を探していたところ、同業他社の営業販売のデモンストレーションでバランスチェックを行っている様子をネットで見つけて、非常に粗い方法で体幹の違いがわかるので、これはいいねと思ったんです。

人間、誰一人として完全同一体はありません。手の長さから、足の長さから、頭の大きさから、太っている、やせている、さまざまです。年齢も、性別も、生活・住環境も、食べているものも、考え方も違います。そういう意味では、誰がやっても同じ数字が出るという世界に溶け込んでしまっている人から見ると、いかにも怪しい測定方法なんですが、この粗さがいいんです。

コブチェックを採用するために、この粗い作業を、老若男女問わず、無作為に千人斬りをやろうとなったわけです。我々の目論みは、ビフォー・アフター、つまり、エフェクトをかけたものを身につける、つけないで、体幹チェックして、5割の人から「何ですか、これ。すごいですね。おもしろいですね。どういうこと?!」というレスポンスがあったら成功だ。そしたら、これを採用しようということになったわけです。

マーケット全体として、この粗さでやっているものは多くない。そういうことも含めて、トータル的に5割を超えたら大したものだ。レスポンスを愚直に確認したい。

最初は、休日の横浜の山下公園に行ってやりました。たまたま我々のクルーの中にテレビ局員出身の人がいて、担ぐタイプのテレビカメラを自前で持っていたので、行き来している人たちに取材を名乗ってランダムに「新商品のデモンストレーションをやっているので、ちょっと協力してくれませんか」と声をかけたんです。そして、百均で買ってきたインソールを2つ用意して、エフェクトをかけたほう、かけてないほうそれぞれに触れてもらってコブチェックを行いました。

その結果、1000人中925人が「エッ、何が起きているんですか」と言って、キャッキャ、キャッキャと騒いでくれる。

女子高生なんか、ホントにわかりやすかったです。

その場で、加工してあるインソールを譲ってほしいと言う人がいたり、外国人の方にもやりましたが、みな「オーッ」と驚いていました（笑）。

それで、これは一大マーケットだ、

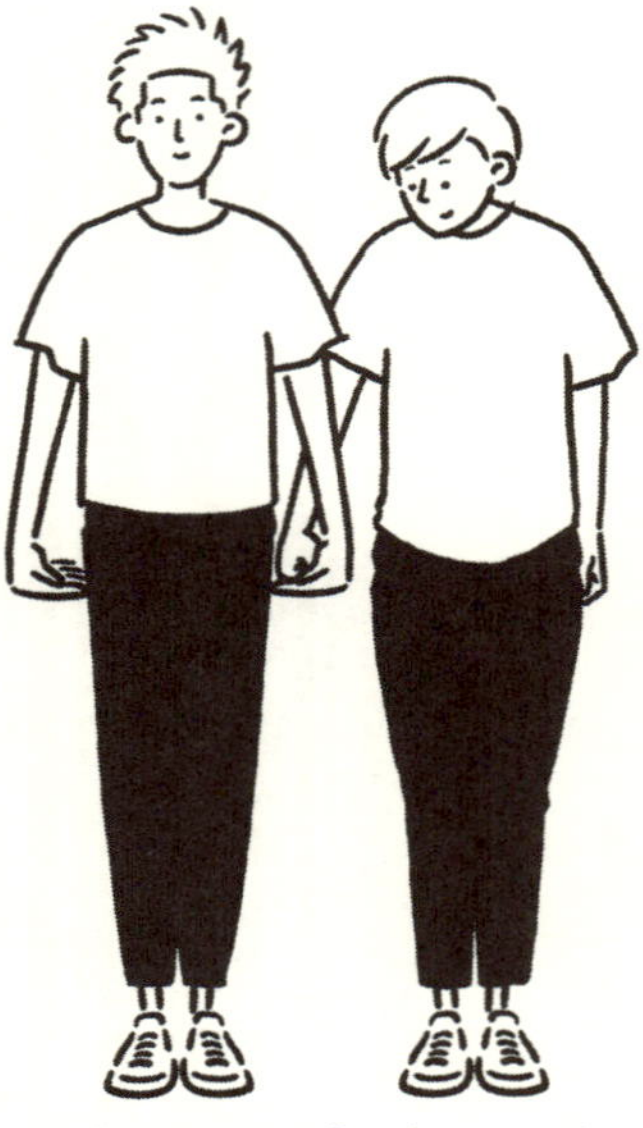

2人1組で行う「コブチェック」

潰される間もなく、当分生きながらえられる可能性があるということで、コブチェックという名前の体幹チェック、バランスチェックを、我々が世界で初めて採用したわけです。日本の古武道、古武術で判定方法として採用していたらしいですが、口伝で伝わったものなのか、出典はわかりませんでした。

直感的にわかっていたのは、加工したインソールを身につけると、フワフワしていた重心が丹田に落ちて、それが視床下部と連携してすばらしいことになっているということです。

コブチェックというのは、Ｏ－リングでイエス・ノーをはかるのでもなく、筋反射でイエス・ノーとか潜在意識が何とかじゃなく、単純に、重心が丹田に落ちているのかどうかをはかる、粗いチェック方法だということです。

中には、コブチェックで体幹の違いが出ているのに「だから？」と平気で言う人もいるし、古武道の達人もいるし、コブを解いてしまう悪魔のような人もいますが、9割の人が「これ、何ですか！」となった。モンゴル相撲の人も「オーッ」となりました。

コブチェックは、重心がフワフワしているのが丹田に落ち、体幹、軸が立つか立たないかをチェックしているだけなんです。「バランスが整ったほうがいいでしょう？」というアプローチにすぎない。バランスが整ったことによって個人差において何が起きるかは知りません、これでいいわけです。「すごい！　おもしろい！」から入ってもらうという発想だったんです。

これからはコブチェックも、本当に重心はどうなっているか、測定機器があらわれてきて科学されると思います。

田村　それはぜひやりたいですね。

実は、私はO－リングも、元の先生のところで5年ぐらい学んだんですね。

今言われたように、O－リングは、宝石を売るとかの悪徳商法に使われて悪いイメージがついてしまって、一度、門外不出にして、ドクターの間だけでやるようにしようというふうにクローズにしてきたいきさつがあります。

ただ、十数年前に方針を大転換して、また一般に公開しようということになりました。

それは、あまりにもガンが右肩上がりで増えすぎてしまって、これは医者の手には負えない。一般の方がみずから、電磁波も含めて自分の生活環境を整えていただかないと、到底追いつかない。それで、一人一人が自分の体にとっていいものなのか悪いものなのか判断できるようにしていこうじゃないかということにしました。

ドクターは段位制で、初段から始まって最高位は指導医の6段で、私はその方に学んでいました。一般向けは級位制です。

ちゃんと試験があって、筆記試験と、正しくできているかとか、姿勢とかいろいろ注意すべきところをドクターがチェックして、合格したら立派な賞状をいただく。

そこで学ぶと、ものすごく高度なことがわかって、波動チェックとまったく同じことができるようになるんです。でも、その分、難しくて、相当の修練をしないとできないということと、見た目で、なかなか信用されない。

でも、コブチェックに関しては、わかりやすい。コブチェックをしたら9割以上の人がエーッとなったとおっしゃってましたが、Oーリングではそうならなかったと思うんです。

コブチェックだと、体が傾くか傾かないかは、自分の体が答えを出しているわけです。中には疑う人もいますが、ほとんどの方は「エーッ、何、これ」と言っていただける。なので、今、私も体験会でやらせていただいていますが、コブチェックを選ばれたのはすごく慧眼《けいがん》だったなと思っています。

miro9　ちょうど都合がよかったということです。
これは篠浦伸禎《しのうらのぶさだ》先生の知見が大きかったんですけど、垂直な体幹軸、いわゆる視床下部と丹田が関連しているというのは思いのほかすごいことで、これはこれからますますメスが入って、多くの人たちが論じる課題になっていくんじゃないかなと思います。

視床下部のストレスを一瞬で飛ばしてくれる⁉

田村 電磁波のことを探求している人間としては、視床下部の話がものすごく納得感があるんですね。中村健二先生も、視床下部が自律神経系を通して微弱電流で全身をコントロールしていると言っておられて、どれくらいの情報処理をやっているかというと、1秒間に二千万個単位で、消化器系から心臓を動かすことから呼吸から、あらゆる仕事をやってくれています。その中央管制室が視床下部で、ナノアンペアというレベルの微弱電流で動いている。電圧で言うと、20マイクロボルト、つまり100万分の20ボルトの微弱電流です。当然筋肉にも電流が流れていて、その電流が電磁波によって乱れて、要は力が入らなくなる。視床下部がやられることによって正常な筋電位がかからなくなるので、その結果、筋力が弱くなったり、丹田に力が入らなくなったりするわけです。

世界的脳神経外科医の篠浦伸禎先生は、ＥＱＴによって視床下部のストレスを一瞬で飛ばしているんじゃないかという説を言われていましたが、強くなったのではなくて元に戻ったという感覚なんですね。本来、これくらい体幹が強いのが当たり前なのに、いかに体幹を弱くさせられているか。体験会で体幹とセットでお話しすると、なるほどねということとで、この技術がいかにすごいのか納得していただけるわけです。

コブチェックは、粗いかもしれないけれどもシンプルなので、多くの人に気づいていただきやすいやり方を選ばれているのかなと、私は思いました。

miro9　みんながみんな、100％というのは絶対ないわけだから。

田村　中には、エーッ？　とか、ウーン？　とか、それがどうした、みたいな人もいると思いますけどね。

miro9　最終的には、遠隔で撮影してあげて、その加工が終わったときに、コブチェックなんかしなくても、体幹が強くなったことがわかる人が飛躍的に増えてくるというイメージなんです。

要は、わかってくる人が増えると、わかってくる人たちが多勢になるので、そういう意味で、信じる、信じないの時代は終わりで、感じるか感じないかの時代に入る。

そこで初めて、「何でこう変わったの。ねえねえ」という疑問が湧いてくるわけです。すると、そこに作用機序を説明する体系が生まれてくるんです。

このように、感じるか感じないかをマーケットとしてターゲットにしたいわけです。だから、感じない人はどうでもいいという段階に、いよいよ入っていくんです。我々の加工された名刺を持った瞬間に、「ハハハア～～」と何かを感じることが普通ですよと。

田村　感じないように、いかに鈍くさせられているかというところですよね。

miro9　これからは、感じる人たちに会う頻度が徐々に高くなってきます。

するともうそういう人たちにしか会わないから、それが正常ですねと。

田村　今、外でやっている活動が進んでいくと、皆さん、感覚が戻ってくるんじゃないかな。

日本の高周波の電磁波の基準は、ヨーロッパの一番厳しい国のオーストリアとは100万倍ぐらい違うんですね。日本は1000μW／㎠で、オーストリアは州ごとに違うんですが、0・001とかです。ヨーロッパのほかの国も大体一桁台で、中国でも6・6とかです。だから、日本は中国に比べても百数十倍、甘い基準になっていて、それは意外でしたね。ロシアや中国よりも日本のほうがはるかに緩い。

基準って何？　と常日ごろから思うんですが、基準を絶対視して、例えば医学的な検査数値が上がったとか下がったとか一喜一憂したり、病気だとか言ってますが、僕は、基準は誰が決めたのかとか、どういう根拠で決めたのかというところに興味が行くんですね。

そして、調べてみたら、何だ、こんなので決めているのみたいな感じで、結構いいかげんなんです。私は犬猫の栄養学もやっているものですから、調べていくと、今の栄養学は、大もとはドイツ栄養学で、栄養学の神様みたいな方がいて、その弟子がアメリカ栄養学の神様になったわけです。

あるとき、タンパク質の必要量を2倍にすると突如言い出したので、調べてみたら、もうちょっと肉を食べるようによろしくというようなアプローチが食肉業界からあった。そんなので決められているのが基準値の世界なんです。

また、ペットフードの基準はＡＡＦＣＯ（米国飼料検査官協会）が定めているんですが、さぞ学術的に決めているんだろうなと思って調べてみると、すごく粗いというか、恣意的というか、大人の事情というか、そういうもので結構いいかげんに数値が決められていて、それをご神託のようにみんな信じている。

電磁波の基準も、まさにそうです。基準があってないようなもので、それを金科玉条のように信じて、皆さんは「基準以下だから大丈夫だ」とか言っているけれども、世界と比べてみたときに、何でこんなに違うの、同じ人間でしょうと。日本人と中国人で電磁波に対する抵抗性が違うのかというと、そんなことはないわけで、むしろ日本人のほうが弱いぐらいです。

そんなことを考えていくと、本当に基準というのがいいかげんにつくられていて、その中でエビデンスがどうのこうのとやっている。世間では、基準と異なるものをエセ科学あるいは疑似科学と称しているけれども、いや、今の科学のほうがエセ科学でしょうと、僕は言いたいですね。

なぜEQT効果に3分とか1日とか3日というレンジを定めているのか!?

田村　あと、EQTでおもしろい概念だなと思ったのは3分とか1日とか3日というレンジで、何でこんなふうに期間が決めてあるのと、よく聞かれるんですよ。私も波動機器をやってきたけれども、波動機器にはあんな概念はないんですね。

私は波動医学をやってきたんですが、なぜかわからないけれども、確かに波動は減衰するんです。

私はマックのPCをずっと使っているんですが、あるところに来ると急に遅くなってパフォーマンスが落ちるんですよ。波動を研究している理学博士の方が、それを貼るとパソコンのパフォーマンスが上がるというシールを販売されているんですが、シールの賞味期限を3カ月とか6カ月とか決めているんですね。

何で決めているのか聞いたら、「いろいろ測定してみると、波動は減衰していく。ある波動を対象に与えると、ずっと続くのではなくて、あるところでピュッと消えてしまうという現象が起こる。別に商売のために賞味期限を決めているわけではなくて、実際に減衰する。それは確認してあります」と言うんです。

ＥＱＴにレンジがあるのは何でかなと思ったけれども、逆に言うと、誠実だなと思うんですね。ずっと続くと言うほうがおかしくて、あるところで衰えていくので、もう一回リセットして、かけ直すというのが、ある意味本当じゃないかなと。

波動の世界を学んできて、あの設定の仕方が新鮮だったということもあるんですけど、本当のところはどうなんでしょうか。

ｍｉｒｏ９　今、大体の回答を言ってもらったんですが、結構誠実なんですよ。

自然界はずっとファインチューニングしているのに、それに唯一あらがっているのは人間の意識活動、つまり人間生活なんです。

人間は、いろんなことをするんですね。向ける、取り組む意識対象を、その都度変えている。自然界は、そういうふうに動いてないんです。ある意味、愚直に、実直に、そして本当に熱心に、断続的に、頑張れ人間と言わんばかりに見守り、育んでくれている。真の愛、真の神仕組みなわけです。

人間は、その真の愛に至りましょうと言ってこの世に出てくる存在なので、幼いんです。全然大人じゃない。だから、意外とキャッキャ、キャッキャやっているわけです。事実、３６０度、いろんなものを見てしまうから、見るたびに意識が変わるんです。ちょっと右行ったり、ちょっと左に行ったり、何のために刺激を受けるのかというと、早くこの刺激をやめて、堂々と真ん中の成長軌道に入れよという意味なんです。

3次元生活というのは、つまるところ、刺激はすごいんですが、ドロドロの愛憎劇です。早くこの愛憎劇をやめて、真の愛の成長軌道に入ったらいかがですかということです。

成長軌道に入ってから、レイヤーが結構あるんです。大きなひふみ、ひふみ、ひふみがあるんですけど、3次元以下というのは、愛は愛として愛らしいんですが、かなりドロドロの愛を含めて、すごい刺激なんです。

田村　重い周波数ですね。

miro9　だから、喜怒哀楽がすごい。人間が宇宙に手向ける波動は、幼いがゆえに、もっと言うと、ドロドロしているがゆえに、最悪は人を殺《あや》めてでも何とかしようというぐらいの劣悪な意識を持つわけです。

さすがにそれだけ悪徳な意識は、365日ずっと持つわけにいきませんが、瞬間瞬間で言うと、かなり悪い動機で生活している。

量子調整された物体に、悪意、殺意を向けると調整はスーッと消えていく！

miro9　唯一、ファインチューニングにあらがうチューニングをするやからがいる。それが人間です。つまり、人間対自然なんですよ。自然は、恒常性を維持しようと思って、成長軌道に乗せようと思って、真の愛をかわらずさんさんと注いでいます。

いろんな象徴物がありますが、その中の1つが太陽です。今日も相変わらず東から上がってくださる。人間生活を見ていて、もうイヤになっちゃった、人間不信になったから、今日は東から上がるのをやめますとはしない。人間、最後はよくなるということをどこまで信じていらっしゃるんですかということです。

つまり、天然自然界というのは、変わらないという象徴なんです。ところが人間は、変わるなんていうものじゃない。それぐらい意識が移ろい、変わり、しかも、自然界にはあってはならない意識を平気で持ち、ひいてはそれを実行に移すことがある。とんでもないことを平気でする幼さなんです。ヤンチャもいいかげんにしろという具合です。

言いたいのは、FT（ファインチューニング）によって調整された物体に、人間が、バカヤロー、おまえなんかこんちくしょうという思いで殺意を向ければ、スーッと消えます。

実は、EQTの元の名は、FTプラスなんです。プラスの部分は何かというと、人間の責任による人間の真心系の思いです。

つまり、天然自然がずっと継続してくれているたゆまぬ愛に対して、今日もありがとうございましたと感謝する。そういう真心系の思いをプラスをすると、邪気を受けて意気消沈したFTが一気にムクムクと元気になるんです。

もっと言うと、人間が神意識に近づいた分だけ、相乗効果が出てくる。

天然自然の根源的力だから、我々が天然自然の真の愛に近づけば近づくほど、真の神意識になればなるほど、そうだよねという話で盛り上がっちゃうわけです。よくなるしかない。

ところが、人間は、そんなものはあり得ないとか、はなから疑う始末です。そういうことも含めると、おもしろおかしい要素と、エフェクトが「切れないモード」というのがEQTにはあるのですが、切れないなんていくら言っても無理で、実は人間によって切れるんです。悪徳な意識を持ってみんなで集中してやったら、邪念も波動なので、はなからその力はそがれていくと思います。

悪い思いが充満しているのが、今の地球です。人間の意識が、今の地球の症状を起こしている。象徴としてあらわれているわけです。

今、ロシアのウクライナ侵攻が起こっています。久方ぶりの戦争だねという感じですが、実は多くの人たちが歓迎している向きがあるわけです。

これはどういうことか。戦争というのはあるもんだよねと、長い歴史の中で思い込んでいるんです。この負の念は、もともと宇宙には、構造上、ないです。ないというのはどういうことか。相乗効果を起こすために全ては仕組んであるからです。ところが、悪の根源から始まって、戦争というモードになっているわけです。それに具体的にやられています。

だから、多くの人たちは、戦争だよね、怖いよね、自分に被害が来ないように、部隊が侵攻してきたらどこに逃げようかと、恐れの世界をやってるわけです。

世界はオセロゲームで一挙にひっくり返すことができる！

ｍｉｒｏ９　最後は人間の意識です。意識対意識だから、おもしろおかしく取り込み、彼らの知らないうちに仕掛けておいて、目覚めていただくと、どんどんコアにわかってくる。わかってくると、わかった少数で世の中がひっくり返せるので、私はやっているわけです。

世の中をひっくり返すためには大多数が変わる必要があると考えているかもしれませんが、実はそうではないんです。

初めのうちは量子や見えない世界のことに興味がある方々が「これはおもしろい」と言ってＥＱＴを使い始めおもしろがってやっているうちに、これはすごいぞと気づく。気づいた人が、コアに使う。それは少数なのに、全体をひっくり返すパワーになる。

田村 一騎当千どころか、万も億も。

ｍｉｒｏ９ ひっくり返ったら、お花畑社会が始まるわけです。そこにはもう邪魔する者はいないので、今で言う悪者が全滅する。全滅したところで、もうはばかることなくＥＱＴですよとやれば、待ってましたという感じですね。

田村 それも含めて環境だと考えると、環境がよくなればなるほど、本来のファインチューニングのパワーがいや増していくというか、真価が発揮されていく。

ｍｉｒｏ９ 我々が使って喜びが増していくわけですからね。使ってみると、この量子場はすごい力になります。今は悪の集合意識に乗っ取られているので、ちょっとでも崩して、真の善のパワーで侵食していくという感じです。

これを私は「はげ理論」と言っているんです。円形脱毛ができると、恥ずかしいので、最初は隠すことに躍起になって、早く生えないかなと考えるけれども、ある程度広がってくると、これはもうダメだ、一気に剃ってしまえという気になる。隠しているのは面倒くさい、それよりスキンヘッドがいいんじゃないかと思いたくなるんです。

円形脱毛が神の足場だとたとえましょう。今は黒々と悪魔が覆っている。悪魔が嫌がるハゲができたということです。今は神様はここにしか足場がなくて、何かあると、すぐ悪魔に隠される。足場を広げていったら、悪魔のほうが、恥ずかしすぎるので全部剃ってしまえとなる。これこそオセロゲームで、一挙にひっくり返ってしまう。この戦法を、「神はげ」と言っているわけです。

田村　再加工という機能が設定してあるのは、むしろ誠実だなと思います。

普通の波動機器でも、人体にやると大体1週間とか2週間で効果が切れるんですよ。ただ、動物はもっと早く波動調整できて、人間で1カ月かかる調整が、犬猫だと1週間、ウサギとかカメだと1日というイメージです。やはり自然に近いものほど早く調整される。

EQTでみんなが整えば町じゅうに波動機器を設置しているようなもの！

田村　かわいそうだなと思うのは人間に飼われているペットで、波動的にすごく被害を受けているんですね。犬猫がストレスを感じたときに出すサインが数十個あるんですが、ある動物病院で30頭ぐらいの犬が診察中にどれぐらいストレスサインを出すか観察したところ、非常に出す犬と、そうでもない犬とがいたんです。

ストレスサインを出すということは、ストレスフルで交感神経がバリバリに緊張している状態で、そういう犬は当然病気にかかりやすいし、すでに病気の犬は治りにくいということですが、それが飼い主さんの性格と完全に連動しているんです。

アメリカでも、数百頭の犬のストレスホルモンと飼い主さんのストレスホルモンを調べたら、完全に連動していたという研究があります。神経質だったり、不安症でいつも恐れを感じているような飼い主さんは、当然ストレスホルモンがたくさん出ていますが、その愛犬も同じように出ていて、完全に連動している。

これはストレスホルモンの研究ですが、波動的にネガティブな飼い主さんは、ある意味、ペットに呪いをかけているようなもので、その結果、今、犬や猫が、人間と同じように2頭に1頭がガンになっています。ある意味、彼らは被害者で、人と動物のあり方がこれでいいのかみたいなところもあるわけですね。

ペットたちは、本来あるはずの状態が壊されて、人間の悪い波動によってどんどん病気にさせられているという現実があるのに、その自覚が飼い主にはない。だから、ペットにはファインチューニングをどんどんやってあげてほしいし、レンジがあってリスタートしてやるというのは、誠に理にかなっていると思って感心しています。

miro9　おもしろおかしくやろうと思っていますし、取捨選択して現実に合っているものを採用した結果が、今のところの機能になっています。将来、情勢が変わっていけば、こういう機能はもう要らないねというふうになるかもしれません。

田村　今は、悪さをするものが町じゅうにあふれているじゃないですか。ＥＱＴによってみんなが整ってきたら、町じゅうに波動機器を設置しているようなものだから、それこそファインチューニングもさらに本領発揮してくるだろうし、そういう建てつけも要らないような次の段階のファインチューニングになってくるんじゃないかなと思います。そうなることを期待して、私たちユーザーとしては、日々、楽しみながら、ポチポチに励む。

ユーザーの皆さんに一言言うとしたら、コミュニティをつくってほしいということです。1人で孤独でやっていると、特に目立った体験もないのにこんなのでいいのかなというふうに思いがちなんですね。最近も、もう押さなくなっています、みたいな話を何人かから聞いたので、これは残念だと思うんです。

ＥＱＴ遠足もそうですが、仲間でやっていると、やっぱりこれはホンモノだなとか、こんな体験もあるのとか、何十人かの体験を聞くことで、それが自分の情報場に入っていく。それによって、より確信を持って、これは本当にすごいものだということになるので、コミュニティに入っている人は、ファインチューニングですごいことが起き始める。

そういう実感もあるので、これをさらに有効に使っていただくためには、それぞれの地区でコミュニティをつくって、仲間内で勉強会とか体験シェア会をやったり、時には遠足みたいなことをやっていただくと、さらに盛り上がってくるんじゃないかと思っております。

miro9 ありがとうございます。

共同創造の神遊びをしながら、気がついたら世の中がよくなっている!!

miro9 今日は憧れの田村先生との対談で、今、ユーザーの中で、一番突っ込んで、いろんな角度でEQTを扱ってくださっている先生と、こうして対話ができたのは本当によかったです。

EQTは、あくまでもおもしろおかしくスタートして、さまざまなユーザーさんが、さまざまな動機で関わっていらっしゃいます。

もちろん入口は個々それぞれの動機でいいわけですが、ポテンシャルとしては、宇宙・地球とか、生命現象全部とか、もとのもとの根幹から取り組んでいる代物なので、使いこなしていくにつれてツールの意味がどんどん変化していくだろうと思います。

そこが仕掛けているこちらの醍醐味ですので、せっかくお手に取られているとすれば、あるいは、この本をお読みになって、「何だ、それは」ということであれば、早速手に取って、ぜひ愛用していただきたいと思います。

今日は、いろんな意味での気づきもありました。

田村　私もいろいろ勉強になりました。特に、ＥＱＴは、導いてくれるところもあり、共に成長していくものでもある。ＥＱＴが何かやってくれるのではなくて、結局は自分がやっているんですが、共同創造するツールだと思っています。

それこそコミュニケーションで、ＥＱＴとどう関わって、いい関係をつくって、大親友、パートナーになって、共同創造の神遊びを楽しみながら、気がついたら世の中がよくなってきた、地球がよくなってきたという、本当にすばらしいものです。

ほかにはないんですよ。私もさんざんいろんなことをやってきましたが、最後の最後に究極のものに出会って、本当によかったなと思っています。

皆さんも、「何だ、それは」と思った人は、とりあえず話を聞いて体験してみるというところから始めてみられてはいかがでしょうか。ぜひお仲間になっていただくことをお待ちしております。地球防衛軍へ、ようこそ。

ありがとうございました。

（了）

大絶滅と電磁波問題が密接に結びついていることを知るに至りこれらの根本解決を模索する。電磁波問題については生体や住環境への調整だけでは不十分で発生源への対策なくして根本解決はないことを悟る。

◉ EQT ラボ、EQT 大学の創設
そんな中で EQT に出会い、これこそ地球環境を再生させ、地球生命圏のバランスを蘇生させる「地球健康学」実践の強力なツールであることを確信。EQT を全国に広め世界一のユーザー集団を作るという志を持って「EQT ラボ」を立ち上げる。現在、200名近いメンバーを抱える。メンバーには、厚生労働省元キャリア官僚の中村健二医学博士や胎内記憶研究の世界的第一人者である池川明医学博士など多数の医療関係者や治療家がいる。現在、EQT の開発会社株式会社ミリミリ及び出版社ヒカルランドと全面的にタイアップして、EQT を全国に広めるべく東京、福岡、霧島、岡山、京都など全国各地でセミナーや EQT の特別体験会を開催中。EQT を高度に使いこなすユーザー育成のため「EQT 大学」を創設。生命の神仕組みを知るセミナー（中村健二医学博士とのコラボセミナー）やいきもの大学などの各種セミナーを開催中。有害な電磁波を生体にとって調和をもたらす「浴びたい電磁波」にするべく、有志と地球防衛軍活動である「EQT 遠足」を全国で展開中。大人の秘密結社的遠足として大好評を博している。

◉現在の活動
その他、人や動物の健康サポート、病院・治療院の場の改善、コミュニケーション能力の向上、人間関係の改善、仕事や学習効率の向上、能力開発、業績アップ、安全・衛生面の改善など、多方面に渡って好影響を及ぼす EQT と「地球健康学」の普及に勤めている。現在、EQT ラボ、EQT 大学において各種セミナーやワークショップ、EQT 特別体験会、場の健康学個別コンサルティングなどを行っている。長年古神道を修行して八百万の神々と対話する日々を送っている。「神は息なり息は神なり」の教えの下、神人一体となるための息吹呼吸法道場を開催中。場の健康学や万象コミュニケーション学、古神道などすべての学びを EQT ラボに統合中。

EQT ラボ特別体験会（無料）

EQT ラボ公式メルマガ（無料）

EQT ラボ公式ブログ（無料）

田村和広　たむら かずひろ

EQT ラボ代表
EQT 大学学長
場の健康学研究会（環境健康学研究会）代表
ペットと話せる「ペットサイン協会®」代表
森羅万象と対話する「万象コミュニケーション協会」代表
動物と対話し動物を癒す命の学校「アニマルヒーリングスクール」代表
ペット食育協会上級指導士
レイキマスター、レイキティーチャー
株式会社アンシャンテ代表取締役
株式会社魔法のことば研究所代表取締役
パウルシュミット式・バイオレゾナンス療法士®（ドイツ振動医学）
一級電磁波測定士

◉場の健康学
ドイツのバイオレゾナンス・メソッド（生体共鳴法）を長年研究、実践。ヒーラー、セラピストとして、長年動物医療をサポートするうちに、ペットや人の健康に「場」（住まいや土地などの環境）が決定的に影響していることに気づき、電磁波問題やドイツのバウビオロギー（建築生物学）などを学んで、住居や土地のイヤシロチ化に長年取り組む。環境ストレスの増大により、各種治療やセラピーの効果が大きく相殺されていることに気づき、病院や治療院、家庭の「場」を良くすること（イヤシロチ化）が、今後の医療・健康業界に必須となることを確信。世界中のイヤシロチ化技術を網羅統合し、新しい視点の地球環境学として「場の健康学」を構築する。多方面の研究者との交流と協力により「場の健康学研究会」（環境健康学研究会）を立ち上げる。

◉地球健康学
「全体（地球生命圏）の健康なくして個の健康なし」の理念のもと、生きとし生けるものすべてが生命意志をまっとうできる、より良い地球環境を作るために「場の健康学」の研究を深める。さらに「場の健康学」と異種間コミュニケーション学を含めた、新しい視点による地球健康学を提唱するに至る。

◉万象コミュニケーション
犬語教室、猫語教室を全国展開するペットサイン協会を発展させ、動物を始め生きとし生けるものすべてと対話する「異種間コミュニケーション」の独自メソッドを展開。さらに森羅万象すべてとコミュニケーションする「万象コミュニケーション協会」を立ち上げた。「宇宙の本質はコミュニケーション」であると考えフィンドホーンの理念に「対話」という言葉を加えた「自然界との対話と共同創造」を理念として活動。

◉電磁波問題の病巣
電磁波問題を探究する過程で人工電磁波が単なる人体への健康被害にとどまらず地球生命圏の生命統御システムを大きく撹乱していることに気づく。地球環境の破壊や生物の

miro9　みろきゅー
20歳のころより、宇宙や自然界の生命現象について探求を始める。東洋史、西洋史、そして日本の近現代史を独自で学び、2005年9月18日、あらゆる存在を存在せしめているエネルギー万象源力（Fine Tuning）についての着想を得る。2019年8月1日に万象源力の技術およびプロダクトを完成。2022年2月22日にEQTをリリースし、現在も、同技術を基盤に、より多くの人々に異次元や多次元の学びの機会を提供するためのプロジェクトや活動を展開している。

地球とあなたの修復と蘇生
量子最適化【万象源力】のすべて
スマホのアプリがなぜ〈神わざ〉を起こすのか!?

第一刷 2023年7月31日

著者 田村和広
miro9

発行人 石井健資
発行所 株式会社ヒカルランド
〒162-0821 東京都新宿区津久戸町3-11 TH1ビル6F
電話 03-6265-0852 ファックス 03-6265-0853
http://www.hikaruland.co.jp info@hikaruland.co.jp
振替 00180-8-496587
本文・カバー・製本 中央精版印刷株式会社
DTP 株式会社キャップス
編集担当 原島由紀子

ISBN978-4-86742-284-7

＼ 心身の健康を守るためヒカルランドが厳選した
オススメ商品を紹介するグッズカタログ最新刊 ／

July 2023

ハピハピヒーリン号

Vol.3

新商品続々登場。増ページ！

夏の特大号

注目の新商品多数掲載

【配布をご希望の方は下記まで】

ヒカルランドパーク：03-5225-2671

（受付時間：11:00 ～ 17:00）

住所：東京都新宿区津久戸町 3-11
飯田橋 TH １ビル６Ｆ

電話：03-5225-2671（平日 11 時 -17 時）

メール：info@hikarulandpark.jp

HP：https://www.hikaruland.co.jp/

Twitter：@hikarulandpark

ヒカルランド
LINE公式アカウント
＼友だち募集中／

お友達登録は
こちらから

地　図　https://books.kagurazakamiracle.com/hiringoyah/

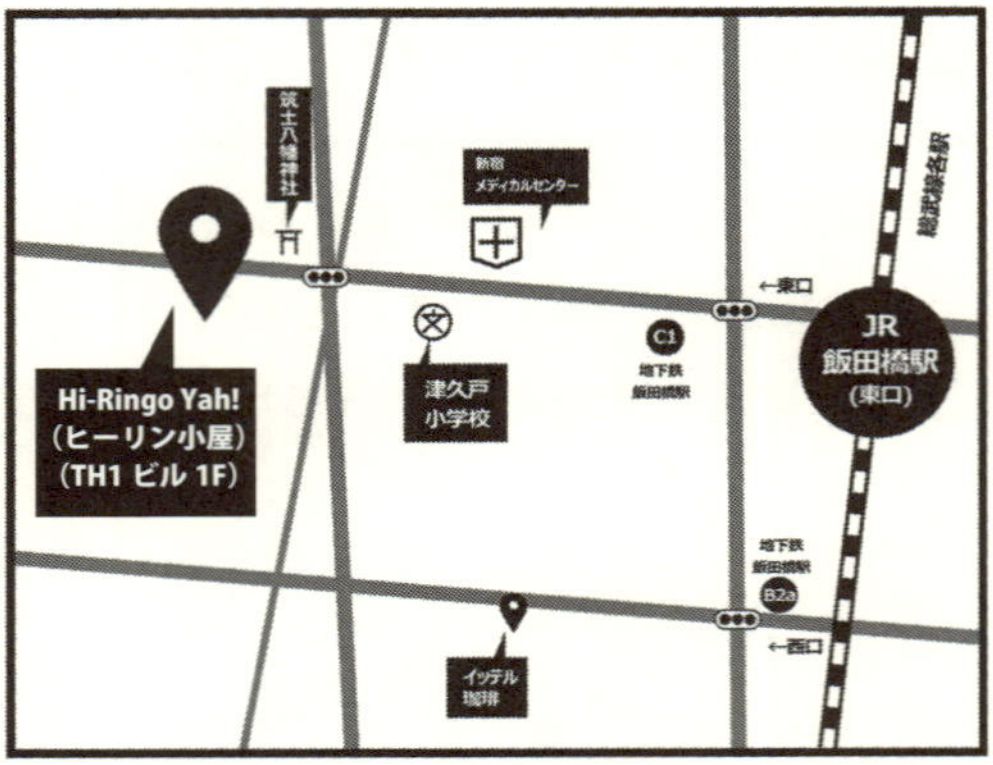

講　師　**田村 和広**（環境健康学研究家）

料　金　5,000円（税込、事前振込制）
第一部のみ参加の場合は2,000円

内　容　第一部は田村氏が主催する「EQTラボ」が定期的に開催している「EQT遠足」のヒカルランドバージョン。スマホ片手に神楽坂周辺の気になる場所を量子最適化します。第二部は田村和広氏の講演会です。一瞬で体幹が整う！世界一手軽な量子テレポーテーション体験のヒミツをお話しくださいます。

主　催　元氣屋イッテル（旧名：神楽坂ヒカルランドみらくる）
https://kagurazakamiracle.com/

お問合せ　info@hikarurandmarket.com

※イベントの内容は都合により変更または中止する場合がございます。予めご了承ください。

本といっしょに楽しむ イッテル♥ Goods&Life ヒカルランド

「量子最適化【万象源力】のすべて」出版記念イベント&講演会

地球とあなたの修復と
蘇生の最終手段
「これぞまさに最後の
＜神しくみ＞!!」

日　時　2023年9月9日（土）

第一部　神楽坂 EQT 遠足

時　間　11:30 ～ 15:30 予定

スマホで神楽坂の街を量子最適化します！

第二部　田村 和広 氏　講演会

時　間　16:00 ～ 18:00 予定

会　場　Hi-Ringo Yah!(ヒーリン小屋)

新宿区津久戸町 3-11 飯田橋 TH1 ビル 1F

2023年　会場

東京

株式会社mili mili（EQTアプリ開発＆販売会社）

東京都千代田区紀尾井町3-30　紀尾井町山本ビル2階

8月18日（金）	8月19日（土）	8月24日（木）	8月29日（火）
9月8日（金）	9月22日（金）	9月23日（土）	
10月20日（金）	10月21日（土）	10月27日（金）	午後10月28日（土）
11月15日（水）	11月18日（土）	11月23日（木）	11月25日（土）
12月13日（水）	12月16日（土）		

東京会場の詳細・お申込みは
こちらのQRコードから

京都府京都市上京区

EQT京都サロン

9月4日(月)	9月5日(火)
10月14日(土)	10月15日(日)
11月7日(火)	11月8日(水)

福岡県福岡市中央区

EQT福岡サロン

9月26日（火）	9月27日（水）
10月30日(月)	10月31日(火)
12月7日(木)	12月8日(金)

岡山県岡山市北区

EQT岡山サロン

9月1日(金)	9月2日(土)
10月11日(水)	10月12日(木)
11月10日(金)	11月11日(土)

※サロンへのアクセスはご予約の方にのみお知らせいたします。

主　催　元氣屋イッテル（旧名：神楽坂ヒカルランドみらくる）
https://kagurazakamiracle.com/

お問合せ　info@hikarurandmarket.com

※イベントの内容は都合により変更または中止する場合がございます。予めご了承ください。

量子最適化体験会

4都市で開催！東京、京都、岡山、福岡で
量子テレポーテーションを体験できる！

講　師　**田村和広**（環境健康学研究家）

時　間　13:00 ～ 17:00 予定

参加費　1,000 円（税込、事前振込制）

定　員　6 名

内　容　これまでアプリ「EQT」を見たことも、聞いたこともない方に向けた内容です。特別な知識やスキルがなくても、量子テレポーテーション技術を体験できます。

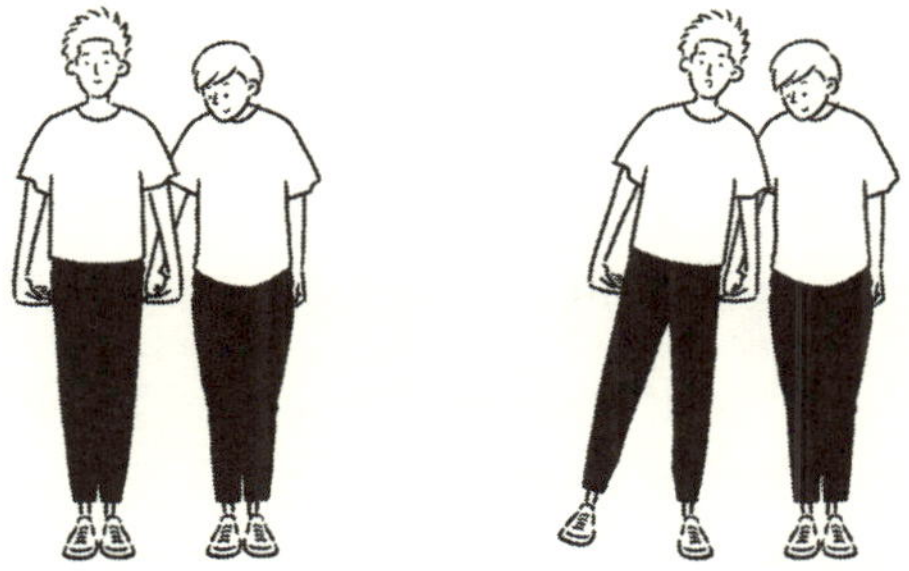

※ご自身の体幹を通じて体験していただきます

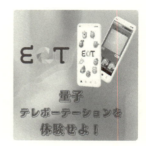

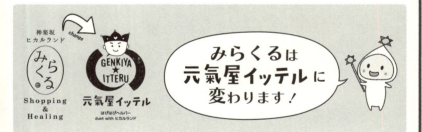

神楽坂ヒカルランド みらくる《Shopping & Healing》大好評営業中!!

宇宙の愛をカタチにする出版社　ヒカルランドがプロデュースしたヒーリングサロン、神楽坂ヒカルランドみらくるは、宇宙の愛と癒しをカタチにしていくヒーリング☆エンターテインメントの殿堂を目指しています。カラダやココロ、魂が喜ぶ波動ヒーリングの逸品機器が、あなたの毎日をハピハピに！ AWG、音響チェア、ブレインパワートレーナーなどなど……これほどそろっている場所は他にないかもしれません。まさに世界にここだけ、宇宙にここだけの場所。ソマチッドも観察でき、カラダの中の宇宙を体感できます！　専門のスタッフがあなたの好奇心に応え、ぴったりのセラピーをご案内します。セラピーをご希望の方は、ホームページからのご予約のほか、メールでinfo@hikarulandmarket.com、またはお電話で03 － 5579 － 8948へ、ご希望の施術内容、日時、お名前、お電話番号をお知らせくださいませ。あなたにキセキが起こる場所☆神楽坂ヒカルランドみらくるで、みなさまをお待ちしております！

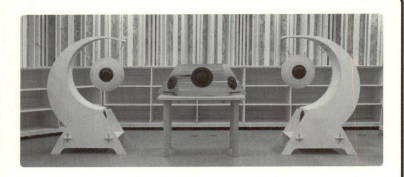

ヒカルランド　好評既刊！

地上の星☆ヒカルランド　銀河より届く愛と叡智の宅配便

古代のWi-Fi【ピンク法螺貝】のすべて
轟け！ 宇宙直列の新世界を創るラッパの音よ！
著者：りーこワケワケ
四六ソフト　本体 1,600円+税

ヒカルランド　好評既刊！

地上の星☆ヒカルランド　銀河より届く愛と叡智の宅配便

【量子オーガニックサウンド】のすべて
著者：齋藤秀彦／藤田武志
四六ソフト　本体 1,800円+税

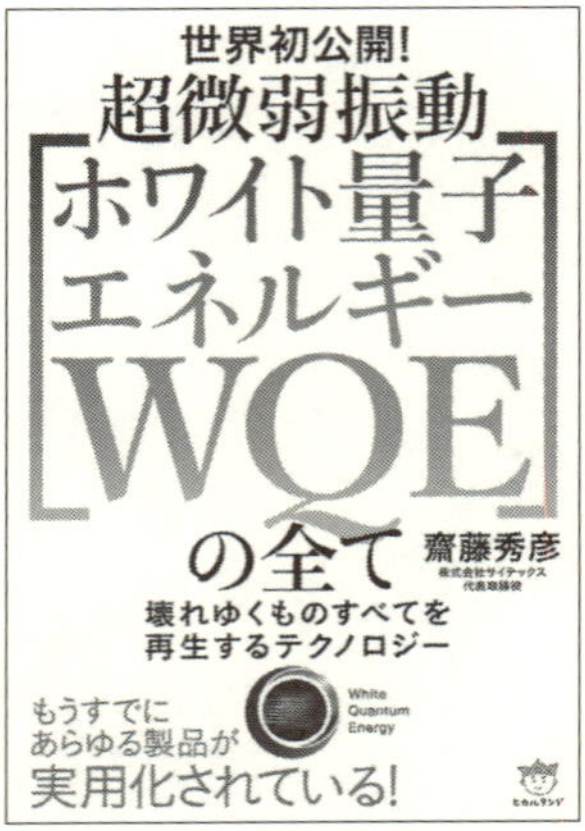

超微弱振動［ホワイト量子エネルギーWQE］の全て
著者：齋藤秀彦
四六ソフト　本体 2,000円+税

未来をつかめ！　量子テレポーテーションの世界
著者：船瀬俊介／飛沢誠一
四六ソフト　本体 1,600円+税

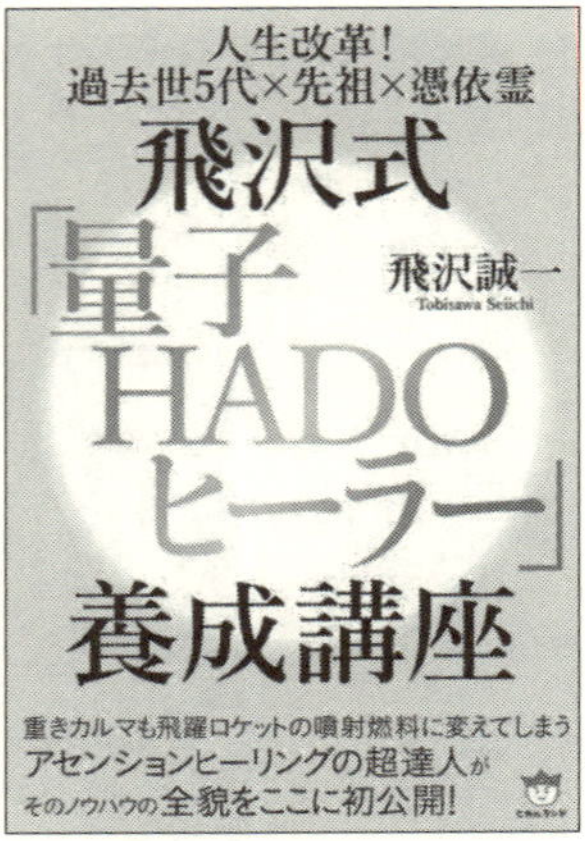

飛沢式［量子HADOヒーラー］養成講座
著者：飛沢誠一
四六ソフト　本体 2,000円+税